KB173062

서경덕이 들려주는

# 기氣 이야기

서경덕이 들려주는

**기氣 이야기**

ⓒ 이종란, 2008

초판 1쇄 발행일  2008년 9월 30일
초판 9쇄 발행일  2022년 1월 25일

지은이    이종란
펴낸이    정은영
펴낸곳    (주)자음과모음

출판등록  2001년 11월 28일 제2001-000259호
주소      10881 경기도 파주시 회동길 325-20
전화      편집부 (02)324-2347  경영지원부 (02)325-6047
팩스      편집부 (02)324-2348  경영지원부 (02)2648-1311
e-mail    jamoteen@jamobook.com

ISBN  978-89-544-0825-7 (64100)

• 잘못된 책은 교환해드립니다.

# 서경덕이 들려주는
# 기氣 이야기

이종란 지음

|주|자음과모음

서경덕은 조선 초기 개성 출신의 유명한 학자입니다. 가난한 집안에서 태어나 어린 시절을 어렵게 보냈습니다. 그러나 자연과 사물을 탐구하는 열정은 누구보다 강했습니다. 스승이 없어도 혼자서 이치를 깨달아 많은 제자를 거느린 대학자로 자랐습니다.

어머니의 권유로 과거 시험에 응시하여 생원과에 장원으로 급제하기도 하였습니다. 나라에서는 벼슬을 주었지만 서경덕은 끝내 사양했습니다. 그는 평생 동안 벼슬길에 나가지 않고 학문 연구와 제자들을 가르치는 일에 전념했습니다.

그가 벼슬을 마다한 이유는 정확히 알 수는 없지만, 당시 정치에 대해서 큰 실망을 느껴서가 아닐까 생각됩니다. 나라에 바른 도리가 있었다면, 벼슬길에 나아가 정치를 했을 테지만, 그 도리가 없었기에 서경덕은 벼슬을 마다하며 학문을 닦고 제자를 가르치는 유교적 선비의 전통을 따랐던 것 같습니다. 올바른 도리가 있건 없건 벼슬만 탐내는 소인배들과는 확실히 구별되는 태도라 하겠습니다.

서경덕의 학문적 관심은 기(氣)에서 시작하며, 이것은 조선 기 철학의 출발이 됩니다. 그는 만물은 모두 기가 모여서 된 것이고 기는 시작도 끝도 없으며, 생기거나 없어지지도 않는다고 주장했습니다. 따라서 그의 철학은 오늘날의 과학적 입장과 맞닿아 있습니다. 그것은 그가 자연과 사물을 관찰하고 탐구한 것을 바탕으로 자신의 철학을 펼쳤기 때문입니다.

서경덕 철학을 오늘날 우리가 공부하는 참뜻은 세상을 있는 그대로 보자는 것입니다. 우리가 세상을 있는 그대로 보지 못하면, 온갖 미신을 따르거나 잘못된 관습대로 살아가게 됩니다. 또 종교적 맹신이나 자신의 무지와 아집에 얽매어, 자유롭고 책임 있는 삶을 살아가지 못합니다. 세상을 있는 그대로 바로 보고, 그것에 따라 살아가는 것이 서경덕 철학의 근본 사상이라 할 수 있습니다.

이 책에서는 서경덕의 철학을 몇몇 친구들의 삶을 통해 드러내려고 했습니다. 그들이 귀신에 대한 두려움을 어떻게 이겨냈는지 궁금하지 않습니까? 또 죽음에 대한 공포를 어떻게 극복했을까요? 서경덕의 기 철학 속에 그런 문제를 해결할 수 있는 실마리가 있을까요? 궁금하시다면 이 책을 끝까지 읽어 보시기 바랍니다. 특히 귀신이 무섭다고 느끼는

독자들은 몇 번이고 반복해서 읽어 보시기 바랍니다. 해답이 기다릴 것입니다.

　그동안 철학자가 들려주는 철학 이야기 시리즈를 몇 권 집필했지만, 철학 이론을 알기 쉽게 풀어 쓰는 작업은 참으로 힘들었습니다. 다행히 필자가 초등학교에 몸담고 있기 때문에 집필에 도움을 받을 수 있었습니다.

　또한, 필자의 유년 시절에 대한 경험, 고향의 풍경과 추억이 글을 쓸 수 있는 밑거름을 마련해 주었습니다. 아무쪼록 이 글을 읽은 독자 여러분이 과학적이고 합리적인 안목을 기를 수 있기 바랍니다.


2008년 9월

이종란

# C O N T E N T S

**책머리에**
**프롤로그**

**1** 정말 귀신이 있을까? | **013**
1. 무당 집   2. 나팔나팔   3. 서화담 이야기
4. 난 겁쟁이가 아니야!   5. 새 친구 정숙이

• 철학 돋보기

**2** 기란 무엇일까? | **081**
1. 종달새는 왜 날까   2. 귀신 사냥꾼
3. 명당자리   4. 죽음과 영혼

• 철학 돋보기

**3** 사람만이 가진 힘 | **117**
1. 종교에 귀의하다   2. 탄저병에 걸린 고추
3. 재가 또 다른 열매를 키우듯   4. 바람이 분다!

• 철학 돋보기

**에필로그**
**부록_통합형 논술 활용노트**

프롤로그

나는 길게 하품을 하며 먼 산을 바라보았어. 멀리 있는 산은 아주 희미하게 그 윤곽만 드러냈지만 가까이 있는 산의 나무들은 푸른 잎들이 무성하게 달려 있는 게 보였지. 넓게 펼쳐진 논과 밭에는 곡식과 채소가 무럭무럭 자라고 있었어.

까치가 스물세 마리, 개가 네 마리, 청설모 두 마리…….

잠에서 깨어 나와 보니 눈에 띄는 것은 겨우 이런 동물 스물아홉 마리가 전부였어. 우리 집을 지나지 않고서는 버스 타는 큰길로 갈 수 없는데도 사람들 구경을 할 수 없었지.

어쩌면 내가 사람들을 볼 수 없는 게 당연한지도 몰라. 나는 늘어지게 실컷 잠을 자고 일어나 하품을 하며 마루에 나와 앉았어. 시계는 보지 않았지만 엄마가 화장대에 앉아 화장을 하고 계신 걸로 봐서 오후 2시는 족히 넘지 않았나 싶어. 엄마의 외출은 점심때가 지난 경우가 많거든.

정오가 넘어서야 게으른 기지개를 펴는 내가 제일 먼저 하는 일은 이렇게 마루에 나와 마당부터 먼 산까지 훑어보는 거야. 그리고 또 다시 먼 산부터 마당까지 살펴보지. 어른들은 논밭에 나가 일을 할 테고, 아이들은 학교에 갔을 시간이야.

내가 이렇게 심심하고 따분한 시간을 보낼 수밖에 없는 이유는 바로 학교에 다니지 않기 때문이야. 더 정확하게 말하면, 엄마 때문이라고 할 수 있어.

나는 한 번도 학교에 다닌 적이 없어. 그건 우리 가족이 자주 이사를 가야 하기 때문이지. 가족이랄 것도 없는 우리 식구는 엄마와 나뿐인데, 언제부터 이렇게 둘이 남게 되었는지 몰라. 내가 아주 어렸을 때부터 우리 가족은 엄마와 나뿐이었어.

우리가 자주 이사를 다니는 이유는 엄마의 의지 때문이 아니야. 엄마는 신주의 말에 따라 옮겨 다녀야 하는 운명이거든. 엄마의 몸을 빌려 사는 신, 그 신의 요구대로 엄마는 이 산 저 산, 이 마을 저 마을로 옮겨 다녀야만 해. 그래서 어쩔 수 없이 나 또한 한곳에 오래 살지 못하고 옮겨 다닐 수밖에 없어.

그렇게 자주 옮겨 다니다 보니 학교에 다니는 일도 점점 힘들어졌어. 심지어는 한 학교에서 지낸 시간이 고작 열흘인 적도 있어. 무언가를 배우기는커녕 친구 한 명도 사귀기 힘들었지. 그래서 나는 학교에 잘 적응

하지 못했고 친구를 사귀는 방법도 몰랐어.

그런 일이 잦아지다 보니 엄마는 학교가 별 소용없다고 생각했나 봐. 글이야 집에서도 깨우칠 수 있고, 글을 깨우치면 기본적인 공부는 다 된 거라면서 더 이상 나를 학교에 보내지 않았어. 살다 보면 삶의 이치를 저절로 깨우치게 될 거라면서 말이야. 하지만 나는 도통 삶의 이치가 무엇인지 모르겠어. 내가 왜 태어났는지, 왜 가족이 엄마뿐인지, 왜 친구는 사귈 수 없는 것인지, 언제까지 이렇게 먼 산만 바라보아야 하는 것인지…….

내가 너무 늙어버린 걸까? 엄마가 말하는 삶의 이치라는 것이 이렇게 빨리 늙어버리는 것이었을까? 나는 그저 내 또래 아이들과 함께 어울리며 평범하게 지내고 싶을 뿐이야. 엄마는 나의 이런 마음을 아시려나 모르겠지만.

사실 나는 엄마에게 이런 속마음을 솔직하게 말해 본 적이 없어. 엄마는 우리 엄마가 아닐 때가 많기 때문이지. 나는 다른 사람에게 함부로 속내를 말하고 싶지 않아. 그 상대가 전지전능한 신일지라도! 나는 오직 엄마에게 나의 고민을 말하고 싶단 말이야. 하지만 엄마는 말하곤 해. 엄마의 몸은 엄마만의 것이 아니라 엄마가 모시는 신주의 것이기도 하다고. 그래서 난 엄마에게조차 속마음을 말할 수 없는 처지가 된 것이지.

나에게도 친구가 있었으면 좋겠어. 옥신각신 싸우면서도 금방 풀어지고, 함께 숙제도 하고 읍내까지 장 구경도 나갈 수 있는 그런 친구. 이 마을에 이사 온 지 한 달이 다 되어 가는데 엄마는 여전히 날 학교에 보낼 생각이 없나 봐. 학교 이야긴 꺼내지도 않아.

나에게도 친구가 생긴다면…….

"애들아! 여기야, 여기!"

아, 아이들이 온다! 목소리만 들어도 누군지 알아. 저건 아마 두진이일 거야. 호기심이 많지만 은근히 겁도 많은 남자아이지.

나는 얼른 마루 옆 기둥 뒤로 숨었어. 역시 두진이가 먼저 마당 안을 기웃거렸어.

"얼른 와 보라니까!"

두진이는 분명 영미, 영덕이와 함께 있을 거야. 잠시 기다려 봐…….
저것 봐! 역시 두진이 뒤로 영미와 영덕이가 따라오고 있잖아? 후훗!

영미는 두진이 여자 친구야. 키도 크고 덩치도 좋아서 별명이 여장부란다. 영미는 의리가 강한 친구인 것 같아. 나와는 정 반대로 말이지. 사실 나는 두진이, 영덕이와 허물없이 잘 지내는 영미가 참 부러워.

맨 뒤에 따라오는 아이가 서영덕이야. 영덕이는 개구쟁이처럼 보이지만 차분하고 생각이 깊은 면도 있는 것 같아. 농사 일로 바쁜 요즘 할아버지까지 편찮으셔서 고민이 많은 모양이야.

학교도 안 다니면서 아이들에 대해 어떻게 그리 잘 아냐고? 후후, 저 아이들은 방앗간을 지나는 참새처럼 우리 집을 지날 때마다 꼭 한참을 재잘거리며 놀다 가거든. 숨어서 아이들이 하는 말을 들으며 알게 된 사실이야. 나에게도 친구가 생긴다면, 바로 저 아이들처럼 명랑하고, 씩씩하며 다정한 친구들이었으면 좋겠어!

# 정말 귀신이 있을까?

1. 무당 집
2. 나팔나팔
3. 서화담 이야기
4. 난 겁쟁이가 아니야!
5. 새 친구 정숙이

푸른색, 자주색의 저절로 핀 꽃, 스스로 날고 뛰는 새와 동물들.
누가 그렇게 시켰는지 나는 모르겠노라.

— 서경덕

# 1 무당 집

"얼른 와 보라니까!"

두진이는 마당 안을 기웃거리며 뒤에서 주춤거리는 영미와 내게 손짓했습니다. 오늘은 기어코 마당 안에 들어가 보겠다며 막무가내로 조르는 두진이를 말릴 수가 없었습니다. 나 역시 집 안이 어떻게 생겼는지 궁금해서 들어가 보고 싶지만 발이 떨어지지 않았습니다.

"영덕이 너 자꾸 꾸물거릴래?"

두진이가 나를 나무라자 영미가 쉿! 하며 작게 말했습니다.

"야, 조용히 좀 해. 누가 나오면 어쩌려고."

"그러니까 꾸물거리지 말고 얼른 따라 들어와. 알았어?"

"으응."

나는 하는 수 없이 그렇게 대답하고 두진이와 영미의 뒤를 따라 마당 안으로 들어갔습니다.

제일 먼저 눈에 띈 건 깃발이었습니다. 긴 대나무 끝에 흰색과 빨간색 천이 달린 깃발. 그것은 이 집의 문패나 다름없었습니다. 우리가 몰래 들어간 집은 다름 아닌 무당 집이었기 때문입니다. 무당 집 깃발을 보니 나는 다시 소름이 끼쳤습니다. 어디선가 귀신들이 불쑥 튀어나올 것만 같았습니다.

"여기가 바로 무…… 무당이 사는 집이란 말이지?"

나는 떨리는 목소리를 어쩔 수 없었습니다.

"으응."

두진이도 긴장이 되는 목소리였습니다.

마당엔 깃발뿐이었습니다. 다른 집 마당처럼 빨래가 걸려 있거나 고추를 말리거나 자전거가 놓여 있거나 하지도 않았습니다. 하지만 대청마루는 발 디딜 틈도 없이 물건들이 가득했습니다. 장구, 꽹과리, 징, 오색 천 따위가 여기저기 흩어져 있었습니다. 그걸 보니 무섭게 생긴 무당이 나와 소리라도 지를 것 같았습니다.

"무…… 무당이 나오면 어쩌지?"

영미의 말에 나는 오싹했습니다. 북 치고, 장구 치고, 작두 타고, 덩실덩실 춤을 추며 귀신을 부르는 무당이 눈앞에 보이는 듯했습니다.

"이제 그…… 그만 가자."

나는 겁에 질려 말했습니다.

"아무도 없는 것 같은데 뭘……."

영미가 두리번거리며 제법 용기 있게 말했습니다. 집 안은 쥐 죽은 듯 조용했습니다.

"근데, 누군가 우릴 지켜보고 있는 것 같아."

두진이의 말에 하마터면 소리를 지를 뻔했습니다. 겨우 입을 틀어막고 주위를 살펴보았지만 아무도 없었습니다.

"뭐야, 두진이 너. 아무도 없는데 왜 겁을 주고 그래? 네 등 뒤에 귀신이 있다, 이러면서 놀리고 싶은 거야?"

나는 두진이에게 짜증을 냈습니다.

"놀리려고 한 말이 아니라 정말 그런 것 같다니까! 기둥 뒤에 누군가 숨어 우리를 엿보고 있는 게 아닐까?"

"엿보긴 뭘 엿보냐? 지금 우리가 남의 집을 엿보는 거지."

영미가 겁에 질린 나를 다독이며 두진이를 나무랐습니다. 하지만 난 무섭고 떨리는 마음을 가라앉힐 수가 없었습니다. 빨리 이집에서 나갔으면 좋겠다는 생각뿐이었습니다.

"저기!"

영미가 마루 쪽을 가리켰습니다.

"엄마야!"

나도 모르게 소리를 질렀습니다.

"뭔데?"

두진이는 오히려 궁금해 했습니다.

"신발이……."

영미가 가리키는 쪽을 쳐다보았습니다.

"신발이 뭐?"

신발 여러 켤레가 마루 밑에 놓여 있었습니다. 흰 고무신, 꽃고무신, 굽이 높은 구두, 그리고…….

"아이 신발도 있어. 크기를 보니 우리 또래인 것 같은데……."

영미는 관찰력이 뛰어났습니다. 이 상황에서 신발 크기까지 보다니. 어쨌거나 무당 집에 아이의 신발이 있다는 게 놀라웠습니다.

"그럼 이 집에 아이가 산다는 거야?"

"그거야 모르지. 어쨌든 아이 신발이 있다는 건 아이가 산다는 말 아냐? 무당이 신기에는 신발이 너무 작잖아."

나와 두진이는 고개를 끄덕였습니다.


그때였습니다. 갑자기 방문이 스르륵 열리더니 구슬이 달린 흰 한복을 입은 무당이 나왔습니다. 울긋불긋하게 화장한 얼굴은 마치 도깨비 같았습니다.

"으악!"

"엄마야!"

"귀신이다!"

우리 셋은 누가 먼저랄 것도 없이 소리를 지르며 대문 밖으로 줄행랑을 쳤습니다. 등 뒤에서 귀신이 아니, 무당이 쫓아올 것만 같았거든요!

"이 쥐새끼 같은 녀석들!"

등 뒤에서 무당의 목소리가 메아리쳤습니다. 우리는 숨이 턱까지 차도록 내달렸습니다.

한참을 뛰다 보니 벌써 우리 집 앞이었습니다. 겁에 질려서 그런지, 뛰어와서 그런지, 두진이와 영미의 얼굴도 하얗게 질려 있었습니다. 우리는 한참동안 아무 말도 없이 숨만 헐떡였습니다.

"나…… 나 먼저 들어갈게."

"그, 그래."

평소 같았으면 두진이와 영미도 우리 집으로 들어가 간식을 먹거나 할아버지와 이야기를 나누었을 테지만, 지금은 다들 머릿속이 어지러워서 그런지 각자의 집으로 돌아갔습니다.

나는 집으로 돌아왔는데도 계속 진정이 되지 않았습니다. 무당을 직접 본 건 처음이니 당연히 놀랄 수밖에요. 나는 한 컵 가득물을 따라 마시고서 할아버지 방으로 들어갔습니다. 할아버지는 벽 쪽으로 돌아누운 채 꼼짝도 하지 않았습니다.

"할아버지, 나 오늘 어디 갔다 왔는지 알아?"

"쿨럭쿨럭!"

할아버지는 대답 대신 기침을 했습니다.

"글쎄 있지, 무당 집에 갔다 왔어. 할아버지 무당 본 적 있어? 난 생전 처음으로 무당을 봤는데…… 물론 난 세상에 나온 지 얼마 되지도 않았지만. 키키. 어쨌든 무당이 얼마나 무섭게 생겼는지 몰라. 빨주노초파남보 무지개 색깔 얼굴에, 바람을 휙휙 가르는 치맛자락……."

"쿨럭쿨럭!"

할아버지는 여전히 대답 대신 기침만 하셨습니다. 기침할 때 등이 조금씩 뒤척이는 것 말고는 움직이지도 못하셨습니다.

요즘 할아버지는 부쩍 말씀이 적어지고 기침이 많아졌습니다. 할머니가 돌아가신 후 오랫동안 병석에 누워 있긴 했지만, 그래도 말씀도 잘하시고 내 이야기도 잘 들어 주셨거든요. 그런데 오늘은 웬일인지 자꾸 기침만 하셨습니다.

나는 오늘 무당 집에 갔던 이야기를 그만하고, 이불을 덮어드린 후 할아버지 방에서 나왔습니다.

# 2  나팔나팔

"정말이라니까!"

"정말 귀신처럼 생겼어? 어떻게 생겼는데?"

아이들이 두진이 앞으로 몰려들었습니다. 나는 어제 무당 집에서 보았던 무당의 모습이 떠올라 눈을 질끈 감았습니다. 아무리 생각해도 너무 무서웠습니다.

"눈은 시퍼렇고, 입술은 아주 빨개. 그리고 눈썹은 이렇게, 이렇게 올라갔어."

두진이는 손가락으로 눈썹을 들어 올렸습니다. 눈이 쭉 찢어져 치켜 올라갔습니다.

"어머!"

유난히 겁이 많은 혜진이는 두 손으로 얼굴을 가렸습니다.

"그래서? 너희들에게 뭐라고 했어?"

세준이가 두진이에게 바짝 다가가 앉았습니다.

"뭐라고 하긴? 도망치기 급했지."

내가 두진이 대신 말했습니다.

"난, 난 아니야. 난 좀 더 있으려고 했는데, 영덕이가 도망치는 바람에 나도 어쩔 수 없이 나온 거야."

두진이는 나를 흘겨보았습니다. 자신이 겁쟁이로 보이는 것이 싫은 모양이었습니다. 그러나 우리가 도망친 건 사실이었습니다. 좀 더 있기는 무슨, 도망치기 바빴지요.

"사실 무당도 사람인데 뭐가 무섭겠니?"

영미가 두진이를 두둔하며 말했습니다.

"무서워서가 아니라 그냥 도망친 거야. 남의 집에 함부로 들어간 건 잘못이라 그냥 나온 것뿐이라고."

영미의 말에 나는 코웃음을 쳤습니다.

"영미, 너 너무 티 낸다. 누가 두진이 여자 친구 아니랄까 봐, 허풍 떠는 것도 똑같네? 히히."

영미가 내 등을 주먹으로 퍽 때렸습니다. 아팠습니다. 영미가 때리면 남자아이에게 맞은 것처럼 정말 아픕니다. 나는 내가 한 말을 후회했습니다. 영미의 두 번째 주먹이 날아오고 있었기 때문입니다. 눈을 꽉 감았습니다. 눈물이 찔끔 나려고 했습니다.

"미, 미안…… 그만해……."

다행히 영미는 때리는 시늉만 하고 말았습니다. 한쪽 눈을 살짝 떠 보니 영미가 히죽히죽 웃고 있었습니다.

"소리를 지른 건 너였어. 네가 먼저 '으악!' 하고 소리를 지르는 바람에 나도 얼떨결에 같이 소리치면서 도망 나온 거잖아."

나는 두 손으로 방패 막을 친 다음 말했습니다. 영미의 주먹이 또 날아올 것이 두려웠습니다. 영미는 피식 웃었습니다.

"그래, 인정! 나도 갑작스런 무당 아줌마의 출현에 기겁한 것은 사실이야. 갑자기 그렇게 귀신 같은 모습으로 나오는데 놀라지 않을 사람이 누가 있겠니?"

"정말? 그렇게 무서웠어?"

영미의 말이 끝나자 혜진이가 다시 물었습니다.

"그리고 무당이 입은 옷 말이야. 그건 보통 한복이 아니야. 반짝이 술이 달려서 무당이 움직일 때마다 찰랑찰랑 빛이 번쩍거리는데 어지러워 죽겠더라니까!"

두진이의 말은 좀 과장되어 있었지만, 어쨌든 무서웠던 건 사실이었습니다. 나도 모르게 고개를 끄덕였습니다.

"영덕아! 너도 똑똑히 봤지?"

"응."

난 두진이의 말에 생각하기도 싫은 무당의 모습이 다시 눈앞에 떠올랐습니다.

"악! 정말 끔찍하다. 난 도저히 무당 집엔 들어가 보지 못할 거야. 정말 너희 셋은 간도 크다. 어떻게 거길 들어갈 생각을 다 한 거냐?"

세준이의 말에 두진이는 어깨가 으쓱해진 모양입니다.

"뭐, 그거야 다 이 형님의 대범함 때문 아니겠어? 저런 졸개들이 감히 무당 집에 들어갈 생각을 했겠니? 내가 다 인솔……."

두진이의 말이 끝나기도 전에 영미가 주먹으로 두진이의 등을 내리쳤습니다.

"아야!"

"두진이 너 말조심해. 아니면 여자 친구를 바꾸던지."

"크크크……. 아야!"

이번엔 세준이가 고함을 질렀습니다. 영미의 주먹이 세준이의 등에 날아가 박혔기 때문이죠.

"못 말려!"

두진이가 고개를 절레절레 흔들었습니다.

"그러니까 말조심해. 함부로 말했다간 내 주먹이 가만있지 않을 테니까!"

"하하하. 알아 모시겠습니다요!"

교실은 한바탕 웃음바다가 되었습니다.

"어쨌든 너희들 정말 무서웠겠다."

혜진이가 얼굴을 찌푸리며 말했습니다. 그때 갑자기 우르릉 쾅 쾅! 천둥소리가 울렸습니다.

"엄마야!"

"아악!"

아이들이 소리를 질렀습니다. 교실 창밖이 어두워지기 시작했습니다. 곧 비가 쏟아질 것 같았습니다. 검은 하늘에 번쩍 번개가 치고 천둥이 울렸습니다.

"왜, 왜 이러는 거야? 무섭게……."

우르릉 쾅! 쾅! 또다시 천둥이 쳤습니다.

"으아아악!"

"엄마야!"

"딩동댕동 딩동댕동."

그때 1교시 종이 울렸습니다. 선생님이 들어오시자 시끌벅적한 교실이 조용해졌습니다.

오늘따라 선생님의 얼굴이 더욱 창백해 보였습니다. 선생님은 마치 귀신처럼 조용히 교탁 앞에 섰습니다. 그러더니 창밖을 내다보며 말했습니다.

"곧 장마가 시작될 모양이네. 비가 올 것 같지 않니?"

스산한 창밖 풍경을 내다보시며 선생님이 말씀하셨습니다.

"선생님……."

영미가 선생님을 불렀습니다.

"무슨 일이니?"

"날씨도 꾸물꾸물한데 귀신 이야기 하나 해 주세요. 네?"

영미의 말에 나는 오싹했습니다. 날씨까지 어두컴컴한데 귀신 이야기라니요? 쟤가 미쳤나? 안 그래도 무서워 죽겠는데, 거기에 귀신 이야기까지?

"좋아요! 선생님, 귀신 이야기 해 주세요."

두진이까지 합세를 했습니다. 정말 못 말리는 한 쌍이라니까! 그런데 이게 웬일입니까? 다른 아이들도 귀신 이야기를 해 달라고 선생님을 조르기 시작했습니다.

"선생님, 귀신 이야기 해 주세요!"

"귀신 이야기!"

아이들이 다시 왁자지껄 떠들어 댔습니다. 방금 전까지 두진이의 무당 이야기로 벌벌 떨던 아이들이 귀신 이야기를 해 달라니 어이가 없었습니다. 너도나도 귀신 이야기를 해 달라고 야단이었습니다. 뻔합니다. 공부하기 싫어서 선생님을 조르는 것이겠지요. 뭐, 그런 거라면 나 역시 공부보다는 귀신 이야기가 좋습니다. 이런 날씨에 공부를 한다는 건 좀 그렇잖아요?

"귀신 이야기 해 주세요!"

나도 아이들과 목소리를 모아 선생님을 조르기 시작했습니다.

"자, 그만, 그만!"

선생님이 손사래를 치며 아이들을 말렸습니다. 아이들은 선생님의 말씀을 아랑곳하지 않고 계속 졸랐습니다.

"쉬!"

선생님은 검지를 입에 대고 아이들을 조용히 시켰습니다.

"너희들이 너무 떠드니까 내가 귀신 이야기를 할 수 없잖아?"

선생님이 살짝 웃으셨습니다. 우리 선생님은 워낙 미인이시지만 이럴 땐 더 예쁘시다니까요!

"우와!"

아이들이 함성을 질렀습니다. 나도 손뼉을 치며 좋아했습니다.

"쉿!"

선생님이 검지를 입에 대고 아이들을 조용히 시켰습니다. 아이들은 언제 떠들었냐는 듯 얌전해졌습니다.

"다른 반에 방해되지 않도록 우리 조용히 하자. 그래야 선생님이 귀신 이야기를 들려줄 수 있지 않겠니?"

"네!"

아이들이 입을 모아 대답했습니다. 6학년이 된 이후로 우리 반 아이들이 선생님 말씀을 가장 잘 듣는 순간이었습니다.

"그럼 모두 조용히 할 자신 있지?"

선생님이 다시 한 번 아이들의 다짐을 받았습니다.

"네!"

귀신 이야기를 들으려는 아이들의 의지는 아주 강했습니다. 물론 저도 마찬가지였습니다. 아이들의 대답이 멈추자 교실 안은 쥐 죽은 듯이 조용해졌습니다. 먼지 한 톨 떨어지는 소리까지 들릴 지경이었습니다.

"두두두둑!"

"으악!"

쥐 죽은 듯 조용한 교실에 갑자기 창문을 두들기는 소리가 들리자 아이들이 비명을 질렀습니다. 창밖을 바라보니 비가 내리고 있었습니다. 천둥과 번개가 요란하게 치더니 드디어 비까지 오는 모양이었습니다.

"이 녀석들! 귀신 이야기 해 달라면서 저까짓 빗소리에 놀라다니, 너희들 그렇게 겁이 많아서 귀신 이야기를 들을 수 있겠어?"

"물론이죠!"

귀신 이야기를 듣겠다는 아이들의 의지는 매우 강했습니다.

"그럼 이제 슬슬 시작해 볼까?"

"네!"

"무슨 이야기가 좋을까?"

선생님은 한참 동안 말이 없으셨습니다. 나는 이럴 때가 제일 무서웠습니다. 아무 말도 하지 않을 때, 한참 동안 적막이 흐를 때, 이럴 땐 정말 갑자기 등 뒤에서 귀신이 나올 것만 같거든요. 창밖의 빗소리가 점점 더 요란해졌습니다.

"그래! 나팔나팔 이야기가 좋겠다."

"에이! 귀신 이야기 해 달라니까 나팔 이야기라니요? 우리를 너무 얕보시는 거 아니에요?"

두진이는 조금 실망스러운 눈치였습니다.

"아주 무서운 이야기로 해 주세요. 시시한 거 말고요."

영미도 가세했습니다.

"일단 들어보고 말해. 이건 나팔 이야기가 아니라 분명 귀신 이야기니까! 너무 무서워하지 말고. 흠흠."

선생님이 목청을 가다듬으셨습니다. 아이들이 조용히 선생님의 말씀에 귀를 기울이며 초롱초롱하게 눈을 떴습니다.

"어떤 아파트 10층에 영수라는 아이가 혼자 살았단다. 어느 날 영수가 결석을 해서 선생님이 다른 아이들에게 영수네 집에 가 보라고 했지. 그런데 찾아갔던 아이들의 말에 의하면 영수가 기절해 있더래. 겨우 영수를 깨워 물어보니까 누군가 나타나서 '영수야, 나팔나팔' 하는 순간 기절해 버렸기 때문에 무슨 일이 일어났는지 기억나지 않는다고 말하는 거야."

"엥? '영수야, 나팔나팔' 했는데 기절을 했다고요? 그게 뭐 기절할 일인가요?"

"야, 이두진! 좀 조용히 해라. 왜 이렇게 분위기를 깨냐?"

세준이가 두진이를 나무랐습니다.

"선생님 그래서요?"

"그래서 그날 밤 친구들 몇 명이서 영수네 집에 가서 자게 했지. 그런데 밤 12시가 되어 시계가 울리는데……."

갑자기 선생님의 목소리가 아주 작아졌습니다. 아이들은 귀를 쫑긋 세우고 선생님의 말씀을 들었습니다.

"땡 땡 땡!"

선생님은 갑자기 큰 목소리로 종소리를 내셨습니다. 아이들은 깜짝 놀라 소리를 질렀습니다.

"우르릉 쾅!"

"끼아악!"

때마침 천둥이 쳤습니다. 아이들이 기겁을 하여 소리를 질렀습니다. 선생님은 아이들이 놀란 가슴을 쓸어내리고 다시 조용해질 때까지 기다렸다가 계속 말씀하셨습니다.

"이렇게 열두 번을 치니 맨 아래층 계단에서 발소리가 들리는 거야."

선생님이 다시 작게 말씀하셨습니다.

"저벅, 저벅, 저벅……."

아이들은 숨을 죽이고 선생님의 이야기에 집중했습니다.

"문 앞에서 발소리가 멈추더니 문이 저절로 스르르 열렸지. 찬 바람이 불면서 안개가 훅 들어왔어. 안개에 휩싸인 뭔가가 나타나면서 말했지. '나팔나팔!' 아이들은 모두 기절하고 말았어."

"뭐야, 자꾸 나팔나팔 하는데 왜 기절을 하고 그러지?"

또 두진이가 참지 못하고 말을 끊었습니다. 하긴 선생님의 말씀이 잘 이해되지 않아 나도 뭐가 무서운지 알 수가 없었습니다. 선생님 이야기를 끝까지 들어보는 수밖에요.

"이튿날 선생님이 이래서는 안 되겠다 생각하고 경찰에 신고를 했지. 그날 밤 그 동네 경찰서에서 가장 간이 큰 경찰관 두 명이 와서 권총으로 무장을 하고 영수네 집을 지키기로 했어. 역시 밤 12시가 되어 시계가 울렸어. 그리고 1층에서부터 들려오는 소리, 저벅, 저벅, 저벅……."

이번에 아이들은 놀라지 않았습니다.

"역시나 발소리가 멈추고 문이 저절로 스르르 열리더니 찬바람이 불면서 안개가 들어오지 않겠어? 그리고는 또 누군가가 '나팔 나팔!' 하고 외치는 거야. 경찰관이 깜짝 놀라 권총을 빼어들고 '누구냐? 나팔이 뭐냐?' 하고 물어봤어. 그런데 자세히 보니……."

"자세히 보니?"

"그랬더니요?"

선생님이 뜸을 들이자 아이들이 조급하게 보챘습니다.

"팔이 하나 없고 얼굴이 피투성이가 된 귀신이었던 거야."

"엄마야!"

아이들은 제각각 귀신의 모습을 상상한 모양이었습니다. 여기 저기서 괴성이 터져 나왔습니다.

"경찰관은 덜덜 떨며 '나, 나팔이 뭐냐?' 하고 다시 한 번 물었어. 그러자 귀신이 천천히 '나…… 팔…… 나…… 팔……' 하고 말했어. 경찰관이 다시 '나, 나팔이 어, 어쨌다는 거야?' 하고 문자 귀신이 슬픈 목소리로 말했어. '나…… 팔이 없어. 내 팔을 찾아 줘.' '팔을 찾아 주면 다신 안 나타날 거냐?' 하고 경찰관이 문자 귀신은 고개를 끄덕였지. 경찰관은 팔을 찾아 준다고 약속했고, 귀신은 사라졌어."

"아아!"

"나팔……. 자기 팔을 말한 거였구나."

탄성이 흘러나왔습니다. 뚜뚜 입으로 부는 악기 나팔을 생각했는데 자기 팔이 없다는 말이었다니! 조금은 어처구니가 없었지만 그래도 팔 없는 귀신을 상상하니 무서웠습니다.

"이튿날 경찰관 아저씨들과 영수는 아버지 무덤이 있는 공동묘지를 찾았단다. 공동묘지 아래쪽 개울 근처에서 사람의 팔뼈가 하나 발견되었어. 그래서 그 뼈를 무덤 속에 묻어 주었지. 그랬더니 다시는 귀신이 나타나지 않았단다."

"이야!"

"어때, 재미있니?"

"네!"

아이들이 환호성을 질렀습니다. 무섭고도 재미있는 이야기였습니다.

# 3 서화담 이야기

빗줄기가 점점 거세지고 있었습니다. 우산을 가져오지 않은 것이 못내 아쉬웠습니다. 이러다가는 비를 쫄딱 맞고 집에 갈 것 같았습니다. 그러기만 하면 다행이게요? 우리가 사는 곳은 시골이라 이렇게 비가 오는 날이면 길이 컴컴해서 더 무섭거든요. 가로등도 몇 개 없어서 웅덩이에 빠지기 일쑤고 풀숲으로 미끄러지기 십상이죠. 그러니 더욱 오싹할 수밖에요. 그러면 정말 어디선가 귀신이 나타나 발목을 잡으며 '나팔나팔' 하면서 쫓아올 것만 같지요. 큰일입니다. 벌써부터 집으로 돌아갈 길이 걱정이 됩니다.

"너희들 겁에 질린 거니?"

선생님이 웃으셨습니다.

"왜들 갑자기 이렇게 조용해졌니?"

"집에 갈 일이 걱정이에요. 비도 오고 컴컴한데……."

나는 울상을 지으며 말했습니다.

"세상에 정말 귀신이 있을까?"

"당연하죠. 귀신이 있으니까 귀신 이야기도 있는 거죠."

"맞아요. 어제 무당 집을 잠깐 들어가 봤는데 귀신이 우글거리는 것 같았단 말이에요. 귀신이 없다면 무당 같은 게 있을 리도 없잖아요."

"그건 그래."

두진이의 말에 아이들이 고개를 끄덕였습니다. 그건 나도 동감입니다. 귀신이 없다면 귀신 이야기 같은 것도 세상에 없었을 테고 귀신을 쫓는 무당 같은 사람도 없었을 테니까요. 귀신이 있으니까 그런 게 존재하는 것이 아니겠어요?

"귀신이 그렇게 무서울까?"

"당연하죠. 선생님은 귀신이 안 무서워요? 귀신을 무서워하지 않는 사람은 아마 한 명도 없을 걸요."

"호호. 꼭 그렇지만도 않을 것 같은데? 조선 초에 서경덕이라는 학자가 있었는데, 호를 화담이라고 해서 사람들은 '서화담 선생'이라 불렀지. 화담 선생은 학문에도 뛰어났지만 특히 도를 깊게 닦아 신통한 재주를 잘 부려 이름을 떨쳤대. 그중 귀신을 쫓아내거나 잡는 재주도 있었다고 해. 하지만 화담 선생은 이런 재주를 아무데서 함부로 사용하진 않았어. 어쩔 수 없는 경우 아니면 시치미를 뚝 떼고 절대로 내색하지 않았단다. 그리고 벼슬도 마다한 채 고향에서 제자들과 함께 학문을 하며 지냈지.

그러던 어느 날이었어. 화담 선생은 여느 때처럼 제자들에게 글을 가르치고 있었지. 그런데 한 늙은 중이 오더니 말없이 절만 하고 돌아갔대. 선생은 중이 멀리 사라지자 갑자기 큰 한숨을 내쉬었어. 이 모양을 이상히 여긴 제자가 '그 중은 누구이며 선생님은 왜 그리 한숨을 지으십니까?' 하고 여쭈었어."

"그러게요? 이상한 상황이네? 왜 그랬을까요?"

"또, 또, 두진이 넌 왜 자꾸 선생님 말씀을 잘라 먹는 거야? 제발 집중 좀 하자."

영미의 타박에 두진이가 꼬리를 내립니다. 정말 두진이와 영미는 재미있는 콤비라니까요.

"그래, 그 제자의 말에 화담 선생은 이렇게 말했어. '너희는 모르겠지만, 그 중은 사실 어느 산에 사는 호랑이 신령이다. 내일 건넛마을 박 첨지 딸이 혼인하는데, 오늘 밤 그 신부를 해치려고 먼저 나의 행동을 살피러 온 것이다.'"

"어머!"

혜진이가 손으로 입을 가리며 소리를 질렀습니다. 혜진이 때문에 나는 갑자기 심장이 덜컹 내려앉는 것만 같았습니다.

"그렇다면 그 처녀를 미리 구할 방법은 없어요?"

세준이가 말했습니다. 선생님은 빙그레 웃으셨습니다.

"세준이처럼 그 제자도 그렇게 물었어. 그러자 화담 선생이 말했어. '있기야 있지. 그러나 다만 그 신부를 구하러 갈 마땅한 사람이 없을 뿐이다.' 그랬더니 그 제자가 용감하게도 자신이 가겠다고 하는 거야. 그래서 화담 선생은 글을 하나 써 주며 말했지. '좋다, 가거라. 그러나 내가 이제 글을 몇 줄 써 줄 것이니 가지고 가거라. 그리고 건넛마을 박 첨지 집에 가거든 이유를 밝히지 말고 이런저런 절차를 밟은 후, 이 글을 첫닭이 울 때까지 쉬지 말고 외워라. 절대로 한 줄이라도 빼거나 틀려서는 안 된단다. 그래야만 신부를 구할 수 있을 것이니 명심하여라.' 화담 선생은 똑같은 당부를 여러 번 반복해서 말해 주었어."

"그건 정말 어려운 일인 것 같아요. 호랑이 신령이 나타날지도 모르는 상황에 한 글자도 틀리지 말고 외우라니요."

나는 절로 한숨이 나왔습니다.

"너 같으면 물론 못했겠지. 영덕이 너는 겁쟁이잖아. 어제만 해도…… 크크크. 겁에 질린 표정하고는."

"야! 이두진!"

두진이의 말에 나는 발끈했습니다. 그것이 사실이라고 해도 어떻게 선생님과 친구들 앞에서 저렇게 말할 수가 있지요?

"쉿!"

아이들이 두진이와 나를 말렸습니다.

"그래서요?"

"제자는 즉시 건넛마을에 달려가 보았어. 과연 박 첨지 집에서는 잔치 준비로 떠들썩했지. 제자는 다짜고짜 말했어.

'댁의 따님은 오늘 밤 자칫하면 큰일을 당하여 목숨을 잃을지도 모르오. 그래서 내가 찾아왔으니 내가 시키는 대로 하시오. 그러면 안전할 것이니 부디 내 말을 믿고 따르시오.' 제자의 말이 끝나기도 전에 박 첨지는 놀라 펄쩍 뛰며 말했어. '뭐라고? 남의 잔치에 공연히 트집을 잡으러 왔구나!' 그러면서 제자를 당장 쫓아내려고 했지. 그래도 제자는 태연하게 말했어. '주인 양반, 까닭은 나중에 알게 될 터이니, 우선 내 말대로 하시오. 만약 허튼소리거든 그 때가서 무슨 벌을 주어도 달게 받겠소.' 제자가 하도 침착하고 간곡히 말하기에 박 첨지는 반은 믿고 반은 의심하면서 '그럼, 어디 한 번 해 보세' 하고 승낙을 했단다."

"아아! 드디어."

아이들은 점점 긴장하였습니다.

"그래서 갑자기 이상한 준비가 시작되었지. 우선 신부를 방에 가둬 놓고 힘이 센 계집종을 대여섯 명 함께 있게 했어. 어떤 일이 일어나도 신부를 꼼짝 못하게 붙들고 있으라고 시킨 거야. 그리고 방문을 안팎으로 꼭꼭 닫아 잠근 후 마루에 큰 상을 놓았어. 큰 초를 빙 둘러 밝히고 상 한가운데 놓인 향로에 향을 피웠단다. 이렇게 차려 놓은 상 앞에서 소년은 화담 선생이 써 준 글을 읽기 시작했어. 박 첨지를 비롯하여 온 식구가 해괴하게 생각하면서도 이유를 몰라 멍하니 바라보고 있었지."

"정말 그 이유가 뭔지 너무 궁금해요."

무서움보다는 궁금증이 더 컸는지 겁 많은 혜진이도 그렇게 말했습니다.

"이윽고 밤이 깊어 자정쯤 되었어. 쥐 죽은 듯 고요하던 하늘에서 갑자기 무서운 벼락 소리가 들려왔어. 식구들은 기겁을 하여 집 안팎 사방으로 흩어져 달아나고 야단이었단다."

그때 갑자기 천둥이 치며 번개가 번쩍거렸습니다. 거센 비가 창을 두들기며 문이 덜컥거렸습니다.

"으아악!"

"엄마야!"

"아악!"

여기저기서 아이들이 소리를 질렀습니다. 때마침 천둥과 번개가 칠 게 뭡니까? 나도 놀라서 눈을 질끈 감았습니다.

"어흥!"

갑자기 선생님이 소리를 치는 바람에 더욱 놀란 아이들은 책상 밑으로 숨고 괴성을 질렀습니다.

"하하하! 얘들아, 진정해."

선생님은 뭐가 우스운지 웃음을 멈추지 않았습니다.

"선생님, 깜짝 놀랐잖아요!"

"너희들이 이야기에 집중을 못하니까 그렇지. 호호!"

선생님은 우리들이 겁먹은 모습이 재미있었나 봅니다.

"바로 그때 황소만 한 큰 호랑이 한 마리가 바람과 함께 뛰어들었지. 어흥!"

아이들이 또 한 번 놀랐습니다. 놀란 아이들은 비명을 질렀습니다. 그래도 그 다음 이야기가 궁금했는지 선생님을 재촉했습니다.

"호랑이가 마루 처마 밑까지 오더니 거기에 쭈그리고 앉았어. '으르렁' 하는 울음소리가 어찌나 크고 사납던지, 사람들은 무서워 오들오들 떨고 있었지. 그러나 제자는 끄떡도 하지 않고 뒤를 돌아보지도 않고, 여전히 소리를 높여 열심히 글을 읽었어. 이때 방 안에서 또 다른 일이 일어났어. 계집종들에게 팔과 다리를 꼭 붙잡힌 신부가 갑자기 '소변이 마려우니 손을 놓아!' 하고 소리를 지르면서 뿌리치려 했거든."

"뭐야! 그런 상황에 소변 마려운 게 문제야? 정말 어이없는 신부야!"

두진이가 한숨을 쉬었습니다.

"그러게, 그냥 싸 버리면 되지."

세준이도 두진이의 말에 맞장구를 쳤습니다.

"야! 김세준, 신부의 체면이 있지, 어떻게 그냥 오줌을 싸냐?"

영미는 어이가 없다는 듯 말했습니다.

"체면이 문제야? 호랑이가 나타났는데?"

"방 안에 갇힌 신부는 호랑이가 나타났는지 알게 뭐야? 오줌 마려운 게 더 문제지."

"조용! 너희들은 지금 유치하게 오줌 타령이냐?"

두진이의 말에 아이들이 박장대소했습니다.

"그래서 어떻게 됐어요?"

나는 그 다음 이야기가 궁금해서 참지 못하고 선생님께 물었습니다.

"계집종들은 더욱 힘을 쓰며 신부의 몸을 꼭 붙잡았지. 꼼짝 못하게 된 신부는 알아듣지 못할 고함을 계속 질렀어. 그리고 몸부림치며 미친 사람처럼 마구 날뛰었어. 하마터면 계집종들이 손을 놓칠 뻔했지만 간신히 붙잡고 있었지. 그동안 뜰에서 으르렁거리던 호랑이가 신부가 갇힌 방 앞, 마루 기둥을 사납게 물어뜯기 시작했어."

"어머! 어떡해!"

이야기가 점점 흥미진진해졌습니다.

"호랑이는 같은 짓을 쉬지 않고 세 번이나 되풀이했어. 그럴 때마다 기둥이 옆으로 기울어졌지. 집이 흔들리고 지붕의 기왓장이 쏟아져 떨어졌어. 한 번만 더하면 집 전체가 무너질 위험한 상황이었어."

아이들은 눈을 반짝거리며 선생님 이야기에 집중했습니다.

"그런데 말이야. 호랑이는 더 이상 기둥에 덤비지 않았어. 무엇 때문인지 다시 먼저 자리에 돌아와서는 처음처럼 으르렁거리기만 했어. 그 사이에도 제자는 손끝 하나 움직이지 않고 글을 읽고, 또 읽었단다."

정말 대단한 제자가 아닌가요? 어쩜 집이 다 무너지는 상황에서도 꼼짝 않고 글을 읽을 수가 있을까요? 호랑이가 갑자기 덮치면 어떡하려고! 나는 정말 이해가 가지 않았습니다.

"마침내 첫닭이 울자 호랑이는 언제 그랬냐는 듯 온데간데없이 사라지고 말았지. 날이 밝아서야 제자는 글 읽기를 마쳤어. 집안 식구들이 우르르 방으로 들어가 보니, 신부는 밤새도록 피웠던 소란을 잊은 듯이 곤히 잠들어 있었어."

"근데……."

갑자기 두진이가 말했습니다. 아이들과 선생님은 그런 두진이

를 쳐다보았습니다.

"아까 선생님 말씀이, 신부가 오줌이 마려워서 난동을 피웠다고 했는데 오줌은 어떻게 한 걸까요?"

"하하하하!"

"크크크!"

"헤헤헤!"

두진이의 엉뚱한 말에 교실은 한바탕 웃음바다가 되었습니다.

"야, 이두진! 너 아까 신부의 오줌 타령이 유치하니 어쩌니 하더니 그게 궁금했던 거야?"

나는 두진이의 질문에 웃음을 참을 수가 없었습니다.

"그, 그냥 애들이 하도 궁금해 하기에……."

"사실은 네가 제일 궁금했던 거 아니야?"

"이두진, 너 정말 웃긴 놈이다."

"엉뚱하긴……."

아이들이 두진이를 공격했습니다. 두진이는 쑥스러운지 머리를 긁적였습니다.

"글쎄? 그건 너희들의 상상에 맡겨 두기로 하지. 아무래도 조금씩 싸서 말렸을까?"

"하하하."

"헤헤헤."

"낄낄낄."

선생님의 말씀에 교실은 또 한 번 웃음바다가 되었습니다.

"어쨌든 식구들은 그때서야 숨을 돌릴 수 있었어. 박 첨지의 딸은 아슬아슬하게 목숨을 건진 것이니까. 박 첨지가 너무나 고마워서 돈 백 냥을 제자에게 내놓자 '사실은 화담 선생님 심부름으로 왔을 뿐이오' 하고 뿌리치고 돌아갔어."

"에이, 그냥 돈은 받고 가지. 아깝다!"

세준이의 말에 몇몇 아이들이 맞장구를 쳤습니다. 정말 우리 반 아이들은 엉뚱한 녀석들이 많다니까요.

"제자가 돌아와 신부를 구했던 일을 말하자 화담 선생은 만족스러운 미소를 지으며 말했어. '잘했다. 그런데 왜 글을 세 구절이나 잘못 읽었느냐?' 그러자 제자는 고개를 갸웃하더니 자신 있게 대답했어. '저는 잘못 읽지 않은 것 같습니다.' '아니다, 조금 전에 그 중이 와서, 네가 세 구절을 잘못 읽었기 때문에 그 틈에 기둥을 세 번 물어뜯고 도망쳤다고 말하더라. 만약 네가 글을 잘못 읽지 않았더라면 호랑이는 거기 앉은 채 죽었을 게다.' 그래서 제자가 가만히 생각해 보니 과연 선생의 말대로 세 구절을 잘못 읽었던 거야."

"으으으, 소름 돋아."

"어때? 재미있었니?"

선생님은 빙그레 웃으시며 말씀하셨습니다.

"네!"

"그런데 어째서 그 호랑이는 서화담 선생에게 나타나서 그런 걸 다 말했을까요?"

"거짓말 같아요. 어떻게 호랑이가 말할 수 있겠어요?"

"그러니까 중으로 변해서 왔다고 했잖아!"

"그러니까 어떻게 호랑이가 중으로 변신하냐고! 로봇이 변신하는 것도 아니고."

아이들이 선생님 이야기에 여러 가지 의문이 들었나 봅니다. 하기야 나도 이 이야기가 정말 있었던 일이라고는 믿어지지 않았습니다.

"이 이야기를 그대로 믿기는 어렵겠지만, 당시 사람들이 이런 이야기를 만든 것은 그만큼 서화담 선생을 신령이나 귀신도 두려워하지 않는 신비로운 인물로 떠받들었기 때문이 아닐까?"

그때서야 아이들이 갸웃거리던 고개를 끄덕였습니다.

"세상에 귀신이 있는지 없는지에 대해서는 선생님도 잘 모르겠어. 어떻게 보면 있는 것도 같고, 또 어떻게 보면 없는 것도 같고. 그러나 꼭 무서워할 필요는 없을 것 같아. 너희들처럼 귀신을 무서워하는 사람도 있고 또 화담 선생처럼 귀신을 무서워하지 않는 사람도 있으니까. 그건 개인 차이일까? 아니면 귀신의 존재에 대한 어떤 확신 때문일까?"

선생님의 질문이 더 어려워 나는 머릿속이 복잡해졌습니다.

"그것 또한 너희들이 생각해 볼 문제인 것 같구나. 어쨌든 선생님의 이야기는 여기까지가 끝!"

아이들은 아쉬운지 또 해달라고 졸라댔지만 어느새 수업이 끝나는 종소리가 울렸습니다. 귀신은 정말 있을까요, 없을까요? 귀신은 무서운 존재일까요? 그렇지 않은 존재일까요?

어느새 비가 그쳤습니다. 그러나 하늘은 아직 먹구름으로 가득 차 있어서 깜깜했습니다.

# 4 난 겁쟁이가 아니야!

"정말 귀신이 있을까?"

쉬는 시간에도 아이들은 귀신 이야기를 하느라 정신이 없었습니다. 귀신이 있다, 없다, 논쟁이 분분했습니다.

"있긴 뭐가 있어. 세상에 귀신이 어디 있냐? 만약에 죽은 사람이 모두 귀신이 된다면 이 세상은 온통 귀신 천지일 거야. 그리고 귀신을 봤다는 사람도 극히 드물고 말이야."

두진이가 딱 잘라 말했습니다. 두진이는 정말 귀신이 없다고 생각하는 것일까요? 아니면 애써 무섭지 않은 척하려고 그러는 것일까요? 나는…….

"야, 서영덕!"

갑자기 두진이가 등을 치는 바람에 나는 화들짝 놀랐습니다.

"뭐야? 이 겁쟁이! 너 지금 귀신이 나올까 봐 무서워서 겁에 질린 거야?"

두진이는 낄낄거리며 웃었습니다.

"누가 무섭대?"

"그런데 왜 그렇게 넋이 다 빠져 있냐? 에이, 너 무서워서 그러는 거지?"

"아니야. 난 뭐……. 그냥 갑자기 귀신이 있을 것 같다는 생각이 들어서……."

"암, 그렇겠지. 너 같은 겁쟁이는 귀신이 당연히 있다고 생각하겠지? 어떻게 하냐? 오늘 같은 날에는 귀신들이 우글우글 돌아다닐 텐데……?"

두진이의 말을 듣고 나는 창밖을 내다보았습니다. 정말 귀신이 있는 것 같습니다. 으스스한 느낌이 들었습니다.

"우리 할아버지 말이야……."

두진이와 영미는 나를 쳐다보았습니다. 아이들도 우리 할아버지가 지금 병환 중이라 누워 지내신다는 것을 알고 있지요.

"며칠 전 우리 할아버지가 그랬는데 돌아가신 할머니가 찾아오셨대."

"뭐, 뭐야?"

"어떻게 죽은 사람이 찾아와?"

"혹시 꿈에 나타난 게 아니고?"

"아니, 정말로 찾아오셔서 손을 꼭 잡고 슬피 우시더래. 할아버지는 할머니의 손을 잡은 느낌이 너무 생생했다며 절대로 꿈이 아니라고 그러셨어."

"그럼, 귀신?"

"에이, 귀신이 어딨냐? 할아버지가 병환 중이라 몸이 약해지셔서 헛것을 본 거지. 안 그래?"

두진이가 나에게 물었습니다. 그러나 나는 뭐라 대답할 수가 없었습니다. 할머니가 손을 잡아 줬다고, 내 두 손을 만지작거리며 눈물을 보이시던 할아버지가 생각났기 때문이었습니다.

"글쎄, 그걸 귀신이라고 할 수 있을까? 분명 꿈은 아니라고 하셨는데 말이야. 그래서 난 할머니의 영혼이 나타난 거라고 생각했어. 그런 게 진짜 있을지도 모른다고 생각해."

"그건, 나도 그래. 그러니까 사람들이 귀신의 혼을 달래기 위해서 굿도 하는 것 아니겠어? 너희들 지난 달 우리 마을에 무당이 이사 온 거 알지? 그 무당이 굉장히 유명한 무당이래. 그래서 여기저기서 굿을 하기 위해 찾아온다더라? 만약에 귀신이 없다면 그런 무당이 왜 있겠니?"

"맞아. 그건 그래. 그뿐만 아니라 우리 조상들에게 제사를 지내는 것 또한 귀신의 존재를 믿기 때문이 아닐까? 만약에 조상귀신이 없다면 왜 설이며 추석 때 차례를 지내고 음식을 차려 놓고 제사를 지내겠니?"

"그뿐이야? 동짓날 팥죽을 쑤어 여기저기 뿌려 두면 귀신이 못 덤빈다고도 하고, 설날이나 대보름 사이에 풍물놀이를 하면 그 시끄러운 소리에 귀신이 놀라 도망가서 한 해 동안 나타나지 않는다고도 하잖아. 그런 게 하루 이틀 사이에 있었던 일이 아니고 수천 년부터 내려온 풍습인데, 귀신이 없다면 그런 풍습은 없었을 것 아니야?"

아이들의 말에 두진이도 헷갈렸나 봅니다. 자꾸 고개를 갸웃거렸습니다.

"그건 그냥 풍습일 뿐이야. 꼭 귀신을 쫓아낸다는 것보다는 흥을 돋우어 한 해 농사를 잘 지어 보자, 뭐 그런 뜻에서 하는 놀이 같은 거지. 야, 우리가 시골에서 살면서 한 번이라도 귀신을 본 적 있냐? 귀신 본 사람 있으면 손 들어 봐!"

두진이의 말에 몇몇 아이들이 고개를 끄덕였습니다. 사실 나 또한 시골에 살면서 귀신을 실제로 본 적은 없었으니까요.

"거봐, 한 사람도 없잖아. 귀신은 실제로 존재하는 것이 아니라 우리의 상상 속에서 만들어 낸 것이라니까."

"우리 아버지는 어렸을 적에 도깨비불을 본 적도 있다고 하셨는데? 화장실에서 귀신을 보고 놀라서 도망쳐 나온 적도 있다고 하셨고……."

혜진이는 그래도 귀신이 있다고 믿는 눈치였습니다. 나도 혜진이와 마찬가지로 귀신이 있다는 생각을 버릴 수가 없었습니다. 할아버지 말씀 때문에 더욱 그랬습니다.

"그건 뭔가 잘못 본 게 아닐까? 도깨비불이 어딨냐? 귀신에 도깨비불까지? 그럼 이 세상이 온통 귀신으로 뒤덮여 있다는 말이야? 그건 반딧불을 잘못 보았거나 바람 소리를 잘못 듣고 생기는 착각일 뿐이야. 이 세상의 모든 것은 물질로 이루어졌는데……."

두진이의 말도 안 되는 일장 연설이 시작되었나 봅니다. 두진이는 자신의 생각을 강하게 주장하기 위해 언제나 뭔가 아는 체를 했습니다. 말도 안 되는 주장을 할 때도 있지요.

"그러니까 이 세상의 물질은 고체, 액체, 기체 상태의 물질로 되어 있고, 그것들은 우리가 증명할 수 있는 거잖아. 귀신도 실제로 있다면 그런 물질로 되어 있을 테고."

"야, 이두진. 뭐가 그렇게 두서가 없냐?"

"음……. 그러니까 어쨌든 귀신은 없다는 거야. 아직 내 연구가 끝나지 않아서 뭔가 체계가 잡히지 않아서 그렇지, 내가 좀 더 조사해 보면 귀신의 정체를 알 수 있을 거야."

"네가 뭐 과학자라도 되냐?"

아이들이 그런 두진이를 비웃었습니다.

"맞아! 과학! 과학적으로 귀신을 해석하고 연구해야만 하지. 흠흠흠."

"얼씨구?"

"점점……."

아이들이 웃었습니다. 그러나 나는 웃을 수가 없었습니다. 두진이의 말도 일리가 있었습니다. 우리는 과학의 시대에 살고 있습니다. 귀신도 과학적으로 증명해 낸다면 더 이상 존재한다, 하지 않는다를 가지고 논쟁할 필요가 없겠죠. 그렇지만 과학이 발전한 현대에도 귀신을 증명하지 못한 걸 보면 귀신이 없다는 이야기가 아닌가요? 나는 세차게 고개를 흔들었습니다. 이야기가 점점 복잡해지는 것 같아 머리가 띵했습니다.

"결론은! 너희들은 귀신이 있다고 생각하는 거잖아? 난 없다고 생각해!"

"뭐, 의견은 그렇지."

"이 겁쟁이들 같으니라고. 귀신이 있다고 믿으면 귀신이 나타난다는 사실을 너희가 모르는 모양인데…… 오늘 밤 조심해라! 너희들한테 귀신이 찾아갈라. 크크크."

두진이는 뭐가 그리 우스운지 겁에 질린 아이들을 놀렸습니다.

"이두진, 너도 귀신이 무서워서 어제 무당 집에서 도망친 거 아니야?"

너무 잘난 척하는 두진이가 얄미워서 나는 비꼬듯이 한마디를 했습니다.

"뭐? 내가 무서워서 도망친 줄 알아? 네가 먼저 도망치니까 어쩔 수 없이 따라 나온 거지. 어제 무당 집에 먼저 들어가 보자고

한 사람이 누구였냐?"

"그거야……."

"나였지? 내가 겁이 났으면 그런 제안을 했겠어? 넌 끝까지 안 들어가려고 했지만 이 형님을 믿고 따라 간 거잖아. 진짜 겁쟁이는 너면서!"

"아니야. 난 겁쟁이가 아니야. 그냥 귀신이 있다고 믿는 것뿐이지, 무서워 한 것은 아니라고."

"그래?"

"그래!"

"그럼 증명해 봐!"

"뭘?"

나는 덜컥 겁이 났습니다. 두진이가 대체 뭘 증명하라는 걸까요? 무리한 걸 요구할까 봐 걱정이 되었습니다.

"네가 겁쟁이가 아니라는 걸 증명해 보란 말이야."

"뭘, 어떻게……?"

"오늘 날씨까지 딱 맞춰 주네. 오늘이 좋겠다. 네 말대로 귀신이 있다면 오늘 같은 날 많이 나올 테니까 네가 귀신이 정말 무섭지 않다면……."

"않다면?"

"오늘 무당 집에 들어가 보는 거야!"

"뭐, 뭐라고?"

"왜? 겁나시나?"

"그게 아니라, 비도 오는데 우산도 없고……."

나는 우물쭈물 망설였습니다.

"비? 무슨 비? 비는 그쳤어. 우산은 필요 없다고. 봐!"

창밖을 내다보았습니다. 어느새 비가 그쳐 있었습니다. 조금 어두울 뿐이지 날은 완전히 갠 상태였습니다. 이젠 천둥이나 번개도 치지 않는 걸로 봐서 비가 더 올 것 같지도 않았습니다.

"어때? 겁쟁이가 아니란 걸 증명할 수 있나?"

두진이는 음흉한 눈빛으로 나를 보았습니다. 아이들 모두 나의 대답을 기다렸습니다. 여기서 싫다고 하면 아이들이 모두 나를 겁쟁이로 몰겠지요?

"좋아! 가지, 뭐."

나는 주먹을 꽉 쥐었습니다.

"정말이다! 너 정말 무당 집에 들어가야 한다!"

"대신!"

"대신 뭐?"

"대신 너희들도 같이 가. 그래야 내가 무당 집에 들어갔는지 안 들어갔는지 알 수 있을 거 아니야?"

"난 엄마가 일찍 오라고 하셨어. 오늘 외갓집에 간다고."

세준이가 발뺌했습니다.

"난 너희들의 장난에 끼고 싶지 않아."

혜진이도 겁먹은 표정을 하고 사양했습니다.

"당연히 너희 둘은 가는 거지?"

나는 두진이와 영미를 쳐다보았습니다.

"그, 그럼!"

자신이 없는 것 같았지만 두진이는 알겠다고 했습니다. 나는 영미를 바라보았습니다.

"가지, 뭐."

여장부란 별명을 확인시켜 주려는 듯 혹은, 자신이 두진이의 여자 친구란 걸 분명이 해 두려는 듯 영미도 좋다고 했습니다.

"영덕이 너나 도망치지 말고 무당 집에 들어가셔. 우리는 걱정하지 말고."

두진이가 다시 한 번 다짐을 받아냈습니다.

"알았다니까!"

나는 오기가 생겼습니다. 귀신이 있다, 없다가 문제가 아니라 내가 겁쟁이가 아니라는 걸 증명하는 것이 더 우선이라는 생각이 들었습니다. 그런데 왜 하필이면 오늘일까요? 먹구름 사이로 해가 고개를 내밀 것 같지가 않았습니다.

# 5 새 친구 정숙이

우리는 몇 번이나 웅덩이에 발이 빠졌습니다. 경운기가 다니는 길은 이곳저곳 패여 웅덩이가 생겼습니다. 어두운 탓에 웅덩이를 발견하지 못하고 자꾸만 빠졌습니다. 신발이 젖어 발걸음이 무거웠습니다. 멀리 무당 집 깃발이 보였습니다. 비에 젖어 축 처진 깃발은 귀신의 옷자락처럼 보였습니다. 나는 자꾸 뒤를 돌아보았습니다. 두진이와 영미가 잘 따라오고 있는지 보기 위해서였습니다. 겁쟁이가 아니라면 앞장서라는 두진이의 말에 내가 앞장서고 두진이와 영미가 뒤따라왔습니다. 그런데 저 녀석들이 나를 놀릴 셈인지 멀찌감치 떨어져 오는 바람에 혹시 나만 두고 가려는 게 아닌가 싶어 자꾸 뒤를 돌아보게 했습니다. 나는 좀 더 씩씩하게 걸어 보려고 했지만 발걸음이 무겁기만 했습니다.

나는 무당 집 앞에 우두커니 섰습니다. 뒤를 돌아보니 두진이와 영미가 멀리 서서 나를 지켜보고 있었습니다. 나는 겁쟁이라는 오해를 씻어 버리기 위해 용기를 냈습니다. 설마 두진이와 영미가 나를 두고 도망치지는 않겠지요. 그래도 의리가 있다면 있는 친구들이니까요. 나는 귀신보다 친구들을 믿기로 하고 대문 안을 빠끔히 들여다보았습니다. 대문은 한 뼘 정도 열려 있었습니다. 나는 가만히 대문을 밀어 보았습니다.

끼이이익.

요란한 대문 소리에 깜짝 놀란 나는 뒤로 자빠질 뻔했습니다. 뒤를 돌아보자 두진이가 어서 들어가라고 손짓을 했습니다. 나는 천천히 대문 안으로 들어갔습니다. 텅 빈 마당에는 깃발만 꽂혀 있었습니다. 마루 위에는 북이며 장구, 꽹과리, 징과 같은 악기들과 알록달록한 꽃술이 달린 봉들이 차곡차곡 쌓여 있었습니다. 사람은 없는 것 같았습니다. 집 안에 불이 꺼진 채 아무 소리도 나지 않았습니다. 나는 한 바퀴 빙 둘러보고는 뒤돌아서려고 했습니다. 그때 기둥 뒤에서 갑자기 무언가 나왔다가 들어갔습니다.

"엄마야!"

나는 소리를 지르며 엉덩방아를 찧고 말았습니다. 엉덩이가 빗물에 젖었습니다. 팬티까지 젖어 마치 오줌을 싼 것과 같이 얼룩이 졌습니다. 내가 지른 비명에 두진이와 영미가 뛰어 들어왔습니다. 역시 의리 있는 녀석들이었습니다.

"무, 무슨 일이야?"

두진이와 영미가 나를 일으켜 세웠습니다.

"저…… 저기 뭔가 있는 것 같아."

"아무도 없는 것 같은데?"

영미가 빙 둘러보더니 말했습니다.

"기…… 기둥 뒤에…….”

나는 벌벌 떨리는 손가락으로 기둥을 가리켰습니다.

"으아악!"

그때 아이들이 일제히 소리를 질렀습니다. 나는 소리 지를 힘도 없이 또 주저앉았습니다. 기둥 뒤에 빼빼 마른 여자아이가 눈을 동그랗게 뜨고 우리를 쳐다보고 서 있었습니다.

"누, 누구야?"

우리 중에 그나마 씩씩한 두진이가 먼저 말했습니다.

"너희들이야말로 누구니?"

여자아이는 당돌하게 되물었습니다.

"우리는……."

뭐라고 말해야 할까요? 하긴 남의 집에 들어온 우리가 집 안에
있는 아이한테 '너는 누구니?' 하고 묻고 있으니 이상할 수밖에
없지요.

"그러니까 우리는……."

"넌 두진이, 넌 두진이 여자 친구 영미, 넌 영덕이. 맞지?"

여자아이가 우리를 손가락으로 가리키며 이름을 말했습니다.

우리는 바보가 된 듯 고개만 끄덕였습니다.

"난 정숙이야. 김정숙."

"정숙이?"

"너희가 말하는 무당이 우리 엄마고 난 무당 딸이고."

"무당 딸?"

"왜? 무당 딸이라고 하니까 무섭니?"

"아니……."

"영덕이는 아직도 무섭나 본데? 젖은 바닥에 주저앉아 일어나지도 못하네? 호호."

그때서야 나는 내 꼴을 돌아보았습니다. 내가 봐도 우스웠습니다. 바지가 다 젖어 오줌을 싼 것 같은 꼴이라고는. 그것도 처음 보는 여자아이 앞에서. 이런 망신이 어디 있습니까? 나는 부끄러워서 얼른 일어났습니다.

"너희들이 우리 집 앞을 지나가는 거 봤어. 어제도 왔다가 우리 엄마 보고 놀라서 도망갔지?"

우리는 정숙이의 말에 자백하듯 고개만 끄덕였습니다.

"무당은 사람이지 귀신이 아니야. 무섭거나 징그러운 게 아니란 말이지."

우리는 또 고개를 끄덕였습니다.

"그런데 왜 도망가니?"

정숙이의 말에 우리는 할 말을 잃었습니다.

"그러게, 우리가 왜 도망갔지?"

영미가 되물었습니다. 치, 영미도 도망갔으면서.

"그건 너희들이 무당에 대해 갖고 있는 편견 때문일 거야. 나도 알아. 무당이 쉽게 다가갈 수 없는 사람이라는 걸."

"맞아, 바로 그거야. 무당인 너희 엄마가 무서워서 도망친 것이
아니라 그러니까 무당이라 하면 우리의 편견은……."

두진이가 두서없이 말도 안 되는 소리를 늘어놓았습니다. 뭔가
이야기할 것 같으면서도 얼버무릴 뿐이었습니다. 할 말이 없기는
나도 마찬가지였습니다. 나는 정말 무당이 무서워서 도망친 것이
맞기 때문이었습니다.

"물론 무당이 신을 모시고 귀신들을 영접한다는 것 때문에 너희
들이 무서워하는 거 알아."

"맞아, 내가 그 말을 하고 싶었어."

두진이가 나서자 영미가 두진이의 옆구리를 콕 찔렀습니다.

"나도 무당인 엄마가 싫어. 사람들이 무서워하고 가까이 하지
않는 무당을 좋아할 리가 없지. 무당 엄마 때문에 학교에 다니지
도 못하고 친구도 사귈 수 없는 내 처지가 나도 싫다고. 너희들만
큼이나 무당이 무섭고 싫다고!"

정숙이는 울상을 지으며 소리쳤습니다. 나는 괜히 미안해졌습
니다. 우리가 어제 무당 집에 왔다가 도망친 일 때문에 정숙이 마
음이 상한 것 같았습니다.

"그, 그런데…… 지금 너희 엄마는 안 계시니?"

갑자기 두진이가 물었습니다.

"걱정 마. 안 계셔. 이웃 마을에 굿하러 가셨어. 오늘은 밤에 굿이 있어서 안 들어오실 거야."

"그럼, 오늘 밤은 너 혼자 이 집에서 잔단 말이야? 이런 으스스한 날씨에?"

나는 기겁하여 물었습니다.

"응."

"안 무섭니?"

영미는 애처로운 듯 정숙이를 바라보며 물었습니다.

"무섭지는 않아. 너희들이 생각하는 것처럼 무당 집이 귀신이 우글거리는 곳은 아니거든. 사실 무당인 우리 엄마 눈에는 귀신이 보일지 몰라도 난 한 번도 귀신을 본 적이 없어. 혼자 자는 건 무섭지 않아. 다만 정말 무서운 건……."

"정말 무서운 건?"

귀신을 보지 못했다는 정숙이가 갑자기 귀신 이야기를 할까 봐 나는 몹시 두근거렸습니다. 갑자기 '귀신이다!' 하면서 놀라게 할 것만 같았거든요.

"그건 내가 외톨이라는 거야. 친구가 없다는 거. 무당 딸이라 학교에 적응하기도 힘들고, 친구도 사귀기 힘들어. 난, 난 계속 외톨이로 살아야 하겠지."

정숙이는 한숨을 내쉬었습니다.

"왜 학교에 다닐 수 없어? 누구나 학교에 다닐 수 있어. 엄마한테 학교에 가고 싶다고 간절히 말해 봐. 말해 본 적 있니?"

영미가 정숙이를 물끄러미 바라보았습니다. 정숙이는 고개를 저었습니다.

"너 역시 엄마에게 편견을 갖고 있는 것 같구나. 넌 한 번도 엄마에게 투정을 부리거나 짜증을 내면서 학교에 가겠다고, 무당이 싫다고 말해 본 적이 없는 것 같아. 적어도 내가 볼 때 넌 착한 딸이니까."

"착한 딸이라고? 내가? 난 무당 엄마를 몹시 싫어하는데?"

정숙이의 말에 영미는 크게 고개를 저었습니다.

"아니, 넌 무당을 싫어하는 거지, 네 엄마를 싫어하는 게 아닌 것 같아."

정숙이도 영미의 말에 공감하는 눈치였습니다.

"우리가 무당에게 편견을 가지듯 너도 마찬가지인 것 같구나. 그래, 여러 가지 절차가 필요할 테니 당장 학교에 다니는 것은 무리일지 모르겠어. 하지만 친구를 사귀는 건 지금 당장 가능할 것 같은데, 어때?"

두진이와 나는 영미를 바라보았습니다. 영미는 늠름하게 말했습니다.

"우리가 너와 친구가 되어 주면 되잖아."

순간, 나는 영미가 존경스러워졌습니다. 어떻게 저런 생각을 했을까요? 그리고 어쩜 말을 저렇게 일목요연하게 잘 정리해서 전달할까요? 두진이와 나는 영미의 말에 고개를 끄덕였습니다.

"그래, 우리가 네 친구가 되어 줄게."

정숙이의 얼굴이 발개졌습니다. 내심 무척 기쁜 눈치였습니다.

"왜 진작 넌 우리에게 말을 걸지 않았니? 우리가 너희 집 앞을 지나가는 걸 봐 왔다면서. 넌 우리 이름도 모두 아는데 우린 그동안 네 이름은커녕 존재도 몰랐잖아. 에이, 진작 널 알았다면 선머슴 같은 영미 안 사귀고 널 사귀었을 텐데……. 크크크. 윽!"

웃고 있던 두진이가 갑자기 허리를 꺾고 쓰러졌습니다. 영미가 매운 손으로 두진이의 등을 내리쳤거든요. 나와 정숙이는 깔깔대며 웃었습니다.

"정말, 고마워. 난 너희들과 친구가 될 수 없을 줄 알았어. 너희들이 이렇게 마음을 활짝 열어줄 줄 몰랐어. 진작 너희들 앞에 나서지 못한 내가 부끄러워. 정말, 정말 고마워."

정숙이는 눈물까지 글썽거렸습니다. 나는 그런 정숙이가 무척 예뻐 보였습니다.

## 서경덕

　서경덕(徐敬德 : 1489~1546)은 조선 성종 20년에서 명종 1년까지 살았던 학자로, 자는 가구(可久) 또는 복재(復齋)라 했고, 호는 화담(花潭)입니다. 후세 사람들은 서경덕을 '화담 선생'이라 부릅니다.

　화담 선생은 양반 집안의 자손이었으나 몇 대째 이렇다 할 벼슬자리에 나간 조상이 없었습니다. 벼슬 없는 집안이라 가난하여, 양반이면서도 남의 땅을 빌려 농사를 지었다고 합니다.

　화담 선생은 어렸을 적부터 영특하여 사물의 이치를 탐구하는 데 힘썼습니다. 집안이 가난하여 매일 밭에 나가 나물을 뜯어야 했는데 늘 나물 바구니를 채우지 못하고 돌아왔다고 합니다. 부모가 의아하게 생각하여 그 까닭을 물었더니, 새가 하늘을 나는 이치를 연구하느라고 늦었다고 했답니다.

이처럼 화담 선생은 탐구하는 기질이 뛰어났습니다. 열네 살 때에는 《서경(書經)》을 배우다가 태음력의 수학적 계산인 태양과 달의 운행 도수에 의문이 생겼다고 합니다. 그래서 보름 동안 궁리하여 스스로 깨우쳤다는 일화가 있습니다. 또 열여덟 살 때에는 《대학(大學)》을 읽다가 "학문을 하면서 먼저 사물을 연구하지 않으면 글을 읽어서 어디에 쓰겠는가?"라면서, 천지 만물의 이름을 벽에다 써 붙여 놓고 날마다 연구했다고 합니다. 그러다가 너무 지나치게 탐구에 몰두한 나머지 먹고 자는 것도 잊고 병을 얻기도 했답니다.

화담 선생은 열아홉 살 때 태안 이씨와 혼인하였고, 서른한 살 때 조광조 등이 만든 인재 선발 기구인 현량과에 수석으로 추천되었습니다. 하지만 이 자리를 사양하고 개성 화담에 서재를 세워 학문에 힘썼습니다. 그러다가 1531년 어머니의 간청 때문에 생원시에 응시하여 장원으로 급제하였으나 이 벼슬자리 역시 단념하였습니다. 그 후에 조정에서 후릉참봉이라는 벼슬을 주었지만 사양하고, 오로지 제자 양성과 연구에만 몰두하였습니다.

그는 많은 제자를 배출하였는데, 그 가운데는 《토정비결》의 저자로 잘 알려진 토정 이지함 선생, 박순, 남언경, 민순, 박우, 조욱, 《홍길동전》의 저자 허균의 아버지인 허엽 등이 있습니다.

또한 화담 선생이 당시 조선 최고의 미인이자 기생인 황진이의 유혹을 물리친 일화도 전해지고 있습니다. 그리하여 서경덕은 박연 폭포, 황진이와 함께 송도(개성)의 세 가지 명물이라 하여 '송도삼절'이라 불립니다.

### 태허(太虛)

화담 선생이 말하였습니다. "태허(太虛 : 원래 크게 비어 있다는 뜻)는 비어 있으나 비어 있는 것이 아닙니다. 비어 있다는 그것이 곧 기(氣)입니다. 비어 있는 그것은 무궁하고 끝이 없습니다. 기 또한 무궁하고 끝이 없습니다. 비어 있어 고요한 것은 기의 몸이요, 모이고 흩어지는 것은 기의 작용입니다. 비어 있는 것이 곧 비어 있지 않은 것이란 걸 안다면, 없는 것이 없다고 말할 수도 없습니다.

노자(老子)는 '있는 것(有)'이 '없는 것(無)'에서 나왔다고 하는데, 비어 있다는 것이 곧 기라는 사실을 몰랐던 것입니다. 또 비어 있는 것이 기를 생기게 한다는 것도 잘못된 것입니다. 만약 비어 있는 것에서 기가 생긴다는 말은, 기가 없는 죽은 상태에서 기가 생긴다는 말이 됩니다. 기가 없었는데 어떻게 스스로 생기겠습니까?

기는 시작도 없고 생기는 것도 아닙니다. 시작이 없는데 어디서 끝을 맺겠습니까? 생기는 것도 아닌데 어디서 없어지겠습니까? 노자가 '비어 있음(虛)'과 '없음(無)'을 말하고, 불교에서 '고요한 상태로 없어짐(寂滅)'을 말했지만, 이것은 리(理)와 기의 근원을 몰랐던 것이니, 또 어떻게 진리를 알았겠습니까?"

이렇듯 서경덕 철학에서 있는 것은 오로지 기(氣)뿐입니다. 기가 있는 것은 시간적인 시작도 없고 끝도 없어서 생겨나는 것도 아니고 없어지는 것도 아닙니다. 또한 기는 없는 곳이 없어서 끝이 없습니다. 이 세상 어디에나 있습니다.


기는 하나이며 크게 비어 있는 것 같지만 사실 비어 있는 것이 아닙니다. 그것이 본래 기입니다. 이 기가 모이면 사물이 되고 흩어지면 원래의 기로 되돌아가는데, 기가 모이기 전의 원래의 상태를 선천(先天)이라 부릅니다. 그는 이것을 다른 말로 태허(太虛)나 일기(一氣)라 불렀습니다.

　기는 모이기도 흩어지기도 합니다. 모이면 사물이 되는데, 그렇게 모인 것이 태양이나 달, 별 및 천지 만물을 이루는 것들입니다. 이렇듯 기가 모여서 사물이 이루어진 것을 후천(後天)이라고 부릅니다.

# 2

## 기란 무엇일까?

1. 종달새는 왜 날까
2. 귀신 사냥꾼
3. 명당자리
4. 죽음과 영혼

 천기(天機)를 내 어찌 어기리? 　 ― 서경덕

# 1 종달새는 왜 날까

"그래서 오늘도 기(氣) 수련원에 갔다 왔다고?"

"그럼, 당연하지."

영미가 새침하게 말했습니다. 영미는 참 대단합니다. 평소 기가 세서 여장부란 별명을 가진 영미는, 사실은 그 별명을 그리 좋아하지 않았습니다.

어느 날은 전교 1등 싸움꾼 철오가 또 영미에게 '기가 센 여장부'라고 놀리는 바람에 둘이 치고 박고 싸움이 난 적이 있습니다.

두진이가 끼어들려고 해도 영미는 자신의 문제이니 스스로 해결하겠다며 혼자서 철오와 맞서 싸웠습니다. 아무리 여장부라고 해도 여자와 남자의 싸움이 어디 말이나 됩니까? 게다가 철오는 우리 학교 싸움 1등인 주인공인 걸요. 그나마 영미가 여자라서 철오가 은근히 봐 줬기에 망정이지, 막무가내로 싸웠다면 분명 영미는 만신창이가 되거나 기절해 버렸을 겁니다.

어쨌든 영미는 철오에게 졌다는 사실이 분해서 싸움을 잘 할 수 있는 방법을 찾다가 기 수련원에 다니게 되었습니다. 아무래도 내공의 힘이 싸움을 잘 하게 해 줄 거라고 생각했나 봅니다. 두진이조차 그런 영미를 말릴 수 없었다고 하니, 영미의 결심이 참 대단했던 모양입니다. 작심삼일이 될 줄 알았던 영미의 기 수련은 쭉 잘 이어졌습니다. 기 수련원을 다니는 것뿐만 아니라 기에 관련된 책도 많이 읽어 이젠 기 박사가 다 되었습니다.

우리는 하굣길에 정숙이네 집에 들러 정숙이와 함께 뒷산으로 올라갔습니다. 영미가 수련원에서 배운 기 수련법을 가르쳐 준다고 했기 때문입니다. 정숙이는 영미의 그런 열정을 몹시 부러워하면서도 조금은 재미있어 했습니다.

우리 멤버가 다 모이자 영미는 수련법을 가르쳐 주기 전에 다짜

고짜 연설부터 늘어놓았습니다.

"만물은 모두 기가 모여서 된 것이야. 기는 시작도 끝도 없으며, 생기거나 없어지지도 않아. 그러니 자연과 사물을 관찰하고 탐구하는 자세에서부터 기를 찾아야 하지."

"어째 서론이 긴 걸 보니 수상하다? 너 제대로 알고 말하는 것 맞지?"

두진이가 놀리듯 말했습니다.

"어련하시겠니? 누구 여자 친구라고. 두진이 너도 항상 서론이 길잖니."

내가 웃었습니다. 정숙이가 "그러지 마" 하면서 내 옆구리를 살짝 찔렀습니다.

"어허! 수련하는 자세가 그게 뭐야. 배움이란 먼저 자신을 온전히 비우지 않으면 안 되거늘."

영미의 넉살에 우리는 웃고 말았습니다.

"안 되겠어. 너희들은 아직 수련할 자세가 되어 있지 못해서 기 수련법은 다음으로 미뤄야겠다. 우선 배움의 자세를 갖춰야 해. 자신을 모두 비우는 것부터 해야겠어. 너희 자신을 모두 버리고 배울 자세가 되거든 그때 가르쳐 주지."

"뭐야? 기껏 그걸 말하려고 우릴 이 산에 데려왔단 말이야?"

"기껏이라니? 그게 전부일 수도 있어. 쯧쯧, 어리석은 녀석들 같으니라구!"

"뭐라고?"

정숙이가 우리의 말싸움을 말렸습니다.

"그래도 난 영미가 참 대단한 것 같아. 영미의 말이 틀린 것도 아니고. 영미가 기에 대해서 뭔가 배운 게 많은 것 같은데?"

정숙이의 칭찬에 영미는 어깨를 으쓱했습니다.

"저기 새들을 봐."

영미는 나무 사이로 나는 새를 가리켰습니다.

"새가 하늘을 나는 것도 모두 기를 타고 나는 거야."

"뭐? 무슨 뜬금없는 소리?"

"내가 기 수련원에 다니면서 기에 관련된 여러 가지를 배우고 있는데 정말 흥미로운 이야기가 많았어."

우리들은 영미가 무슨 이야기를 할지 몹시 궁금했습니다.

"지난번에 선생님이 말씀하셨던 서경덕 선생 말이야."

"귀신도 무서워하지 않았다던 서경덕?"

"수련원에서도 그 사람 이야기가 나와?"

나와 두진이가 되물었습니다.

"응. 서경덕 선생이 어렸을 때 가난하게 살았기 때문에 자주 들에 나가서 나물을 뜯어 끼니를 해결했다고 해. 그런데 봄나물을 캐러 나갔던 서경덕이 며칠 동안 계속 나물 캐오는 양이 적었대. 이상하게 여긴 그의 어머니가 그 까닭을 묻자 그는 이렇게 대답했대. '나물 캐다가 새가 날아오르는 것을 보게 되었습니다. 첫날에는 땅에서 한 치 밖에 날지 못했고, 다음날에는 두 치, 또 다음날에는 세 치, 이처럼 점점 높이 날아오르는 것이었습니다. 곰곰이 그 까닭을 생각해 보느라 나물은 얼마 뜯지 못했습니다'라고 말이야."

"그게 기랑 무슨 상관이야?"

역시나 인내심이 적은 두진이가 영미가 들려주는 이야기를 끝까지 듣지 못하고 물었습니다.

"그건 화담 선생이 어렸을 때부터 자연 탐구에 관심이 많아서 그런 이야기가 전해졌을 거야. 그래서 알게 된 것이 있어. 종달새는 그냥 나는 것이 아니라 기를 타고 난다는 것."

"또, 기?"

"종달새는 날개를 펄럭이면서 수직으로 오르락내리락하지만 한

곳에 머물러서 운대. 그건 바로 공기 때문이야. 우리가 보는 하늘은 아무것도 없는 텅 빈 공간처럼 보이지만 사실은 공기로 꽉 차 있고, 종달새는 그 공기 가운데서 날개로 바람을 일으키면서 한곳에 머물 수 있는 거야."

"공중에 떠 있으면서?"

"응. 그걸 보면서 세상은 눈에 보이지 않는 무언가로 꽉 차 있다는 걸 발견한 사람이 바로 서경덕 선생이야. 그리고 눈에 보이지 않는 그 무언가가 바로 '기'라는 거지. 한 걸음 더 나아가 선생은 이 세상의 모든 것은 기로부터 태어났다고 했어. 들도 산도 나무도 돌도 사람도 벌레도 심지어는 귀신도 그렇다는 거야."

"귀신도?"

정숙이와 두진이 그리고 나는 약속이라도 한 듯이 동시에 말했습니다.

"그럼 기를 알면 귀신도 알겠구나? 내가 지난번에 뭐라 그랬어? 모든 사물은 물질로 되어 있고 그걸 과학적으로 탐구하면 귀신도 증명해 낼 수 있다고 했잖아."

"그랬었나?"

영미가 두진이를 놀렸습니다.

"그럼 과학적으로 탐구해서 밝혀낸다면 귀신 문제도 해결될 수 있을 것이고, 그렇게 되면 더 이상 무서워할 필요도 없겠네?"

나도 영미의 생각에 동의를 했습니다.

"맞아. 과학을 더 공부하면 귀신을 무서워하지 않아도 되는 이유를 얼마든지 찾아낼 수 있어. 가령 예전에는 사람의 병에 걸리면 귀신의 장난이라고 여겼어. 그래서 병을 치료하기 위해 무당을 불러 굿을 하고 귀신에게 빌기도 했지."

말을 하던 영미가 슬며시 정숙이를 바라보았습니다. 혹시나 정숙이의 마음을 상하게 하지 않았을까 염려하는 것 같았습니다. 정숙이는 괜찮다는 듯 웃어 보였습니다.

"그렇지만 지금은 어떠니? 전염병이 돌기 전에 예방주사를 맞고, 전염병이 돌면 물이나 음식을 끓여 먹으며 환자와 접촉을 피하면 돼. 설령 병에 걸렸다고 하더라도 빨리 병원에 가서 치료하면 되지. 그 뿐이야. 거기에 무슨 귀신 이야기가 있을 수 있겠어?"

"그런데 무당이 하는 일은 단순히 귀신을 쫓는 것에만 그치지 않아. 옛날에는 의학이 발달되지 않아서 전염병의 원인을 알 수 없었어. 그래서 귀신에 씌었다고 생각했던 거지. 하지만 요새는 그런 걸로 무당을 찾지는 않아. 오히려 과학적으로 증명할 수 없는 정신적인 문제를 무당에게 해결해 달라고 하지."

정숙이가 조심스럽게 말을 꺼냈습니다. 정숙이의 말을 듣고 보니 또 그런 측면도 있다는 생각이 들었습니다.

"아니야, 내가 괜한 이야길 했어. 계속 말해 봐. 영미야."

정숙이는 말을 하려다 말고 영미를 바라보았습니다.

"그러니까 솔개가 날고 연못에 물고기가 뛰는 것은 다 물이나 공기가 있기 때문이야. 또 사람이 걸어 다니며 살 수 있는 것은 땅이 있기 때문이다. 그렇다면 우리가 살 수 있는 세상에 있는 것이라곤 고체와 기체, 그리고 액체뿐이야. 과학이란 그것을 가지고 탐구하는 거야. 없는 것은 탐구할 수 없어."

"내가 뭐랬어. 고체, 액체, 기체. 바로 그거라니까."

이번엔 내가 두진이의 등을 세게 내리쳤습니다. 끝까지 잘난 척하고 싶어 하는 두진이에게 경고를 한 셈이었지요.

"고체나 기체나 액체를 한마디로 말한다면 물질이야. 우리 조상들은 아마 그것을 통틀어 기라고 불렀는지도 몰라. 액체나 고체도 잘게 쪼개 버리면 기체처럼 보이지 않는 것이 되니까 말이야. 그래서 물건이란 기가 모인 것에 불과하다고 할 수 있지."

영미의 설명이 제법 그럴싸했습니다.

# 2  귀신 사냥꾼

"그래서 내가 오늘 너희에게 선언한다!"

영미가 갑자기 비장하게 말했습니다.

"뭘?"

"난 이제부터 기를 연구해서 귀신 사냥꾼이 되겠어."

"뭐? 귀신 사냥꾼?"

이번에도 정숙이와 두진이, 그리고 내가 동시에 말했습니다.

"만약 귀신이 있다면, 그것도 사람과 똑같은 물질일 거야. 귀신이 물질이라면 그 성질을 이용해서 물리치거나 쫓아낼 수 있어. 예를 들어 볼까? 호랑이는 생물이야. 물질로 되어 있지. 동물을 연구하는 사람들이 호랑이의 성질을 파악해서 사람에게 피해를 주지 않는 방법을 생각해 냈기 때문에 우리는 더 이상 호랑이를 무서워하지 않아. 고치기 힘든 질병도 요즘은 간단히 치료하잖아? 병균도 생물이고 물질과 관계되기 때문에 과학적으로 탐구하여 그 성질을 밝혀 낸 것이지."

"그런데 그것과 귀신과는 다르지 않을까? 귀신이 물질이라는 걸 밝혀내야 하는 게 우선인데."

나는 영미의 말에 일리가 있다고 생각했지만 확실하게 믿음이 가지는 않았습니다.

"영덕아, 잘 따져 봐. 귀신을 볼 수 있다는 건 귀신이 색깔이나 모양을 가졌다는 거야. 색깔이나 모양을 가졌다는 것은 물질이 겉으로 드러나는 모습이고."

"그래, 그러면 소리는?"

"소리도 공기의 떨림 때문에 들리는 거지. 물질이 운동을 통하여 나타나는 일종의 파장 아닐까?"

"맞아. 그래서 소리에너지라고 부르잖아. 스피커는 전기에너지를 소리에너지로 바꾸는 기계인데, 그것 역시 소리도 물질의 운동과 관계된 에너지란 뜻이야."

두진이가 영미를 거들었습니다.

"우와, 너희 둘 커플이라서 그러니? 아는 것도, 마음도 척척 맞는구나."

정숙이가 감탄을 쏟아냈습니다.

"때론 막무가내에다 폭력적이고 잘난 척하는 것도 척척 맞아."

내가 은근슬쩍 비꼬자 두진이가 주먹을 쥐어 보였습니다. 장난이었기 때문에 나는 괜히 겁먹은 척했습니다.

"그러니까 영덕아, 귀신도 물질이라면 전혀 무서워할 필요가 없는 거야. 그렇다면 귀신을 피하거나 쫓아내는 방법도 알게 될 테니까 말이야. 정리하자면, 귀신이 눈에 보이거나 소리로 들린다면 그것은 일종의 물질의 운동과 관계된 현상이야. 그리고 물질의 운동이라면 그 성질을 과학적으로 파악할 수 있고, 잘 알고 나면 더 이상 두려워하지 않아도 돼. 인간이 물질에 대한 해로움을 피해 갈 방법을 알기 때문이지. 만약 귀신이 없는데 보았다면 그것은 귀신이 있어서가 아니라 환상을 본 거겠지."

영미의 말은 논리적이었습니다. 하지만 사실 실감이 나진 않았

습니다. 귀신도 물질이니 무서워할 필요는 없다? 이론적으로는
그럴 듯했지만 어째 납득하기가 어렵네요.

"우리 영미는 정말 똑똑하다니까!"

두진이가 자랑스러운 듯 영미의 어깨를 도닥거렸습니다.

"내가 뭐랬어. 내가 귀신 사냥꾼이 된다고 했잖아."

# 3 명당자리

나는 손등으로 눈물을 훔쳤습니다. 닦아도, 닦아도 눈물이 멈추지 않았습니다.

"네 할머니가 다녀갔다. 내 손을 꼭 쥐고 젊은 색시마냥 얼굴 한가득 웃음을 담고 갔어야."

할아버지는 내 손을 할머니 손인 양 만지작거리며 눈물을 글썽거리셨습니다. 오랫동안 병석에 누워만 계시던 할아버지이지만, 형제가 없는 내겐 아주 따뜻한 형처럼 늘 위로가 되어 주셨습니다. 마치 내 마음을 읽어 주는 가장 친한 친구 같았습니다.

나는 병환으로 집에만 누워 계셔서 늘 적적해 하시던 할아버지를 위해, 학교에 다녀오면 옛날이야기나 읽었던 동화책 내용, 선생님께서 들려주신 이야기를 해 드렸습니다. 하지만 병환이 깊어지셔서 이야기를 해 드리기가 어려워졌습니다.

할아버지는 그런 지어낸 이야기 말고 실생활 이야기를 듣고 싶다고 하셨습니다. 오늘 내가 무엇을 했는지, 친구들과 다투진 않았는지, 점심 도시락으로 무엇을 먹었는지, 학교 가는 길에 보았던 꽃은 무엇이었는지 같은 이야기들 말이죠.

그 후로 나는 집에만 오면 수다쟁이가 되었습니다. 소수점 여섯째 자리까지 나누기를 할 수 있게 되었다는 이야기, 싸움꾼 철오와 맞붙었던 영미 이야기, 내가 제일 싫어하는 당근이 내가 제일 좋아하는 계란말이 속에 들어 있어서 하나도 남김없이 다 먹었다는 이야기, 네 장의 노란 꽃잎을 가진 애기똥풀은 생각보다 예뻤다는 이야기 등……. 할아버지는 때로는 추억에 잠겨 눈물을 흘리시기도 하고, 내가 대견하다며 웃기도 하셨습니다. 그러나 요즘은 많이 편찮으신지 계속 기침만 하시거나, 말없이 등만 보인 채 주무셨습니다.

나는 어제도 여느 날과 다름없이 할아버지께 친구들과 학교에서 있었던 일과 뒷산에서 있었던 영미의 기 수련에 대한 이야기를 들려 드렸습니다. 그러나 할아버지는 아무 말씀도 하지 않으셨습니다. 몸이 몹시 고될 때는 그렇게 주무시는 듯 누워만 계실 때가 많은 할아버지였습니다. 그래서 나는 이야기를 그치고 내 방으로 들어와 곧장 쓰러져 잠이 들었습니다. 저녁 먹을 시간이 지났을 때까지도 엄마는 나를 깨우지 않았습니다. 어찌된 일인지 더 이상 할아버지의 기침 소리도 들리지 않았습니다.

그 이후로 나는 두 번 다시 할아버지의 기침 소리를 듣지 못하게 되었습니다.


할아버지가 돌아가시고 서울이나 다른 지방에 사시는 친척 어른들이 하나 둘씩 모였습니다. 나는 불도 켜지 않은 내 방에 앉아서 계속 흘러내리는 눈물만 닦아냈습니다.

아버지와 친척 어른들은 새벽까지 말씀을 나누고 계셨습니다. 할아버지가 돌아가셨다는 슬픔에 빠져 있는 나는 어른들의 논쟁을 들으며 저런 대화가 무슨 의미가 있을까 싶었지만 어른들은 아주 심각해져 급기야 언성이 높아졌습니다. 할아버지의 묏자리 문제 때문에 다툼이 생긴 것이었습니다.

"예부터 풍수지리에 맞는 명당자리가 따로 있는 법이라고 했어. 작은아버님하고 막내가 아무리 그리 말씀하셔도 지관을 불러 제대로 따져 보고 묘를 써야 해."

아버지는 차분하게 말씀하셨습니다.

"우리에게 선산이 있는 것도 아니고 갑자기 돌아가신 아버지 장례를 치르기도 정신이 없는데 그런 격식을 다 차리면서 어떻게 모시겠어? 형, 합리적으로 생각해. 우리가 한 번이라도 더 찾아가 뵐 수 있는 가까운 곳에 모시는 것이 더 낫다니까."

이제 막 장가를 간 막내 삼촌이 말했습니다.

"묏자리 잘못 쓰면 자손이 잘 안 된다는 말도 안 들어 봤냐? 당숙 어른 댁 큰 형님이 사고를 당하고 그 둘째가 사업 때문에 법정 소송에 걸리고 막내딸이 십 년 넘게 애가 없다고 그 난리였는데, 묘 이장하고 나서 그 집이 어떻게 됐냐? 그 집 형제들마다 사업이 번창하고 자손이 늘어났지. 부모는 일찍 여의었어도 그 형제들이 모두 잘 돼서 해외여행도 다니고 별장도 지어 여름마다 몰려다니면서 고기 판 벌이며 놀고……. 그래서 주위 사람들의 부러움을 얼마나 많이 샀니? 그게 다 묘를 잘 써서 그리 된 거 아니냐."

아버지는 단호하게 말씀하셨습니다.

"맞아요. 뭐 그게 묘를 잘 쓴 덕분일 뿐이겠어요? 요즘엔 이사할 때도 다 점보고 사주 보면서 옮기고들 하는데, 그래야 가족이 건강하고 재물이 붙는다고 하지 않아요? 나쁠 게 뭐 있어요? 명당자리를 구하려면 시간과 돈이 좀 더 들고 복잡하겠지만 그래도 좋은 게 좋은 거라고 명당자리에 맞는 묘를 쓰면 어쨌든 우리한테 좋을 일 아니겠어요?"

시골에 살지만 농사는 짓지 않고 농협에 다니시는 작은아버지께서 말씀하셨습니다.

"물론 나도 당숙 어른 댁 자손들이 하나같이 다 잘 되었다는 이야기는 들었어. 또 명당자리에 대한 이야기도 들었다. 허나 요즘 세상이 어떤 세상인데 그런 것 다 따지며 묘를 쓰겠냐? 내가 너희들보다 옛날 사람이지만 나는 그렇게 생각하지 않는다. 명당자리가 따로 있다면 명당자리 쓴 사람들만 잘 되어야지, 그렇지 않은 경우도 얼마나 많으냐? 요즘엔 대부분 공동묘지에 모시기도 하고 화장을 하기도 한다. 그렇다고 그 자손들이 모두 불행해지는 것은 아니지 않느냐. 명당자리에 대한 생각은 하나의 기우이며 미신이야. 너희들, 괜한 돈고생 맘고생 하지 말고 합리적으로 모시는 것이 낫다."

작은할아버지의 말씀에 모두들 잠시 조용해졌습니다.

"작은아버지 말씀이 옳아요. 풍수라는 게 지관만 아는 풍수이지, 우리 같은 사람들은 어디가 명당자리고 아닌지 어떻게 알겠어요? 명당자리 잡아서 으리으리하게 꾸며 놓고 남 보기 좋은 일만 시키는 것 또한 사치예요. 그리고 솔직히 말해서 사람이 죽으면 그만이지, 무슨……. 제사상 차려 놓는다고 귀신이 먹고 가나요? 다 산 사람들이 먹는 거잖아요. 안 그래요?"

막내 삼촌의 말에 작은아버지가 발끈하셨습니다.

"죽으면 그만이라니? 아버지가 돌아가셨으니 그걸로 다 끝났다는 거야?"

"형이 뭔가 오해를 한 모양인데, 아버지가 돌아가셨다는 사실 자체가 사람이 죽으면 그만이라는 거지. 돌아가신 분의 뜻을 기리고 존중하는 마음으로 제사를 모시는 것에 대해서 나쁘다고 하는 게 아니라, 다만 사람은 죽으면 흙으로 돌아갈 뿐 거기서 끝이라는 거지. 아무리 날고 기는 사람이라도 죽으면 다 똑같아."

"난 그렇게 생각하지 않아. 아무리 사람이 죽었다고 해도 그걸로 끝이라고 생각하지는 않아. 사람이 죽은 후에도 다 그 몫으로 돌아가는 거야. 죽었다고 끝이라면 오랜 세월 죽은 조상을 모시는 일 따윈 하지 않았을 거다."

"나도 둘째 말에 동의한다. 아버님은 돌아가셨지만 그렇다고 아예 사라진 건 아니라고 생각해. 사람에게 있는 기가 뭉쳐 있지 못하고 죽음을 통해 흩어졌을 뿐이라고……. 그렇게 생각한단다. 그렇기 때문에 그 기의 흐름을 잘 받을 수 있게 돌아가신 분을 위해 묘를 잘 썼으면 하는 거지."

"근데, 형님! 형님 말씀대로 돌아가신 분의 기가 흩어졌다고 해도 다시 살리기는 어려운 거예요. 그럼 이미 끝난 거랑 마찬가지 아니에요? 살았을 때나 기도 있고 뭐도 있는 거지."

"꼭 그 사람의 기가 다시 뭉쳐서 다시 사람이 되어야 한다는 뜻이 아니잖니? 그 기의 흐름이 흩어지지 않는다는 사실을 말하는 거지."

"어쨌든 그런 의미라면 그게 기가 됐든 뭐가 됐든 전 상관 안 해요. 어쨌든 돌아가신 분을 위해 묘를 쓰고 예를 갖추어 제사를 지내는 일을 미신이라고 생각하지는 않으니까요. 다만 묏자리에 대해 명당자리란 없다고 생각하는 거예요. 합리적인 방법을 찾아 선택해야 한다는 말씀을 드리고 싶은 거예요. 그러니까 우리가 자주 찾아가 뵙지 못해도 알아서 관리도 잘 되고 찾아가기 쉬운 공동묘지 같은 곳이 좋겠죠. 우리 형제가 서로 멀리 사니까 중간 어디쯤 모시는 것도 좋을 것 같고요."

고모가 말씀하셨습니다.

"아버지께서는 평생 이곳에서 사신 분이야. 여기서 우리를 낳으시고 농사를 지으며 가르치셨다. 모셔도 아버지 고향에 모셔야지, 어디 낯선 땅의 공동묘지에 모실 수 있겠니?"

아버지는 깊게 한숨을 내쉬었습니다.

"형님 말씀대로 이곳에 모신다면 분명 산 어디쯤이겠지요? 평지는 온통 논밭뿐이고 도로가 나 있으니 묘는 당연히 산으로 올라가야겠고. 우리 고향 산이 어떻습니까? 돌산이 대부분입니다. 다행히 돌산이 아닌 산에 모신다고 해도 가팔라서 오르기도 힘들고, 또 홍수가 나면 묘가 휩쓸리기 십상입니다."

"그래도 내가 가까이 있으니 잘 돌볼 수는 있지 않겠니?"

"농사 일로 바쁜 형님이 일일이 산소까지 돌보신다고요? 설령 그렇게 한다고 해도 저희가 매번 이곳까지 찾아오지도 못할 텐데, 형님 혼자 그걸 언제까지 하실 수 있겠어요? 나중에 영덕이 물려주시게? 저 아이가 크면 묘 같은 건 아예 없어질지도 모른다고요.

차라리 이참에 어머님 묘랑 함께 공원으로 모십시다. 난 그게 좋겠어요."

3년 전에 돌아가신 할머니의 묘는 우리 고추 밭 한쪽에 있습니다. 산 아래 고추 밭 밑에 묻어 달라는 할머니의 뜻이 있었습니다. 할아버지가 돌아가시면 합장을 해 달라던 할머니는, 그동안 너희 일하는 모습이나 보고 있으련다 하시면서 그 고추 밭에 묻어 달라고 하셨습니다. 언제가 될지 모르는 일이었지만 편찮으신 할아버지가 그래도 쉽게 찾아볼 수 있도록 임시로 밭에 묘를 쓴 것이었습니다.

공동묘지에 모시자, 풍수를 따져 고향에 모시자는 등의 엇갈린 의견이 계속되는 바람에 밤이 새도록 묏자리는 어디가 될지 결정 날 기미가 보이지 않았습니다. 할아버지는 지금쯤 하늘나라에서 할머니를 만나 손을 꼭 잡고 계실까요? 아니면 묏자리 문제로 서로 얼굴을 붉히는 자식들을 보며, 할아버지도 얼굴을 붉히고 계실까요?

# 4 죽음과 영혼

"정말 뭐라고 위로해야 할지 모르겠어."

정숙이가 내 손을 잡아 주었습니다. 우리 할아버지께 가끔 나 대신 이야기를 해 드렸던 두진이와 영미도 함께 슬퍼했습니다.

"오랫동안 병환 때문에 누워 계셨으니 오히려 편하게 가셨을 거 야. 그렇게 생각해. 주무시듯 편하게 가셨잖아."

나는 할아버지가 지금도 방에 누워 계실 것만 같았습니다. 그 렇지만 돌아가셨다는 사실을 인정해야만 했습니다.

집 안이고 마당에는 문상객들로 북적였습니다. 어른들은 술과 음식을 나누어 드시며 이야기를 계속했습니다. 밤새 이어지던 묫자리 다툼이 끝났습니다. 공동묘지에 모시자는 의견이 모아졌습니다. 제일 어른이신 작은할아버지의 주장 때문이기도 했지만 좀 더 합당한 쪽으로 의견이 모아진 셈이었습니다.

대신 고향에서 가장 가까운 공동묘지에 모시기로 했습니다. 어릴 적 추억이 깃든 곳이니 부모님을 찾아뵈면서 고향도 찾아보아야 한다는 의견이 반영된 것이었습니다.

우리들은 뒤란 평상에 앉아서 하늘에 떠 있는 총총한 별들을 바라보았습니다.

"저 하늘에서 할아버지가 나를 바라보고 계시는 것 같아."

"물론이지. 너희 할아버지를 뵌 적은 없지만 네 마음이 그렇다면 할아버지 마음도 같을 것 같아. 그리고 할아버지 걱정은 하지 마. 할아버지는 좋은 곳으로 가셨을 거야. 천국이나 극락 같은 곳 말이야."

정숙이가 따뜻하게 위로를 해 주었습니다.

"육신이 없는데 뭐가 어디로 간다는 거야? 죽으면 땡이지."

두진이가 혼잣말하는 소리가 분명히 내 귀에 들렸습니다.

"죽으면 땡이라고?"

나는 조금 화가 난 듯 말했습니다.

"어어? 영덕이 너 화나게 하려고 한 말 아니야. 너희 할아버지가 돌아가셨지만 너 못지않게 나도 슬프다고. 그렇지만 난 천국이나 극락이 있다고 생각하지 않아서 그냥……."

두진이가 내 마음이 상할까 봐 염려하는 걸 알기에 나는 화를 내지는 않았습니다. 정말 사람이 죽으면 그만일까요? 육신은 죽었다고 해도 영혼은 남아 있지 않을까요? 영혼도 귀신처럼 눈에 보이지 않으니 환상일까요? 아니면 영혼도 물질이라고 증명해야 할까요? 나는 세차게 머리를 흔들었습니다.

"왜 그래? 화났니?"

두진이가 걱정스럽게 물었습니다.

"아니야, '정말 사람이 죽으면 끝일까?' 하고 생각했어. 난 할아버지의 영혼이 늘 나와 함께 있다고 생각했는데……."

"물론 진짜로 영혼이 있는지 없는지는 모르지만 사람에 대한 추억과 기억이라는 게 있잖아? 그런 의미에서 할아버지가 네 마음속에 영원히 남아 있는 거지. 진짜로 영혼이 둥둥 떠다니는 것은 아니라는 거지."

"그래, 두진이 말은 영혼이라는 게 있다는 걸 증명할 수 없다는 얘기야. 지난번 귀신처럼 말이지. 영혼이 물질이 아니고서는 과학적 실험이나 관찰을 할 수가 없으니 증명할 수가 있겠어? 영혼이 물질이라면 언젠가는 꼭 밝혀질 것이고, 그러면 영혼의 성질도 알아낼 수 있을 거야. 하지만 영혼이 물질로 이루어진 것이 아니라면 과학적으로는 없는 거나 마찬가지야. 그러면 내세도 없고 죽으면 그것으로 끝이라는 말이 돼."

영미가 조심스럽게 말했습니다.

"하긴 내세가 있다고 해도 그건 말이 안 되는 것 같아. 저승이 지금까지 살았던 인간이나 생물의 영혼들로 꽉 차서 발 디딜 틈도 없을 테니까."

내가 그렇게 말하자 정숙이가 살짝 웃어 보였습니다.

"화담 서경덕 선생 말이야. 그분은 삶과 죽음에 대해서 이렇게 말했어. 사람이 태어난다는 것은 기가 모인 것이요, 죽는다는 것은 기가 흩어지는 것이라고. 그래서 사람과 귀신은 하나이면서 둘이요, 둘이면서 하나라는 것이지. 귀신이 본디 사람이 죽어서 된 기를 말하는 것이니까."

영미의 말에 나는 고개를 끄덕였습니다. 기가 모이는 것과 흩어지는 것⋯⋯.

"기가 크게 모인 것은 하늘과 땅이고 작게 모인 것은 만물이야. 모이고 흩어지는 기의 세기에 따라 여러 가지 차이가 있을 뿐이라는 거지. 보잘것없는 풀 한 포기, 나무 한 그루도 그렇게 기가 모여 있는 건데, 하물며 사람의 정신과 영혼이 그렇게 쉽게 흩어지겠냐는 거지."

"정신의 기가 왜 쉽게 안 흩어져?"

"사람의 영혼은 육체와 달리 무한히 크고 오래되었잖아. 그만큼 오랫동안 기가 모여온 건데, 쉽게 흩어지겠어?"

"아, 뭉쳐 있던 힘 때문에?"

"응. 그래서 사람이 죽는다고 해서 아주 없어지는 게 아니야. 단지 태허의 맑은 기 가운데 하나로 돌아갈 뿐이야. 그런 관점에서 보면 영덕이 할아버지는 죽어서 없어진 것이 아니라 단지 이 세상 곳곳으로 흩어진 것뿐이야. 네가 숨 쉬는 공기에도 할아버지의 기가 있는 거야."

영미의 말 또한 깊은 위로가 되었습니다.

# 귀신(鬼神)과 생사(生死)

화담 선생이 말하였습니다.

"정자(程子 : 중국 북송 때의 성리학자, 이름은 정이)와 장자(張子 : 북송 때의 기 철학자, 이름은 장재)와 주자(朱子 : 남송 때의 성리학자, 이름은 주희)는 사람이 사는 것과 죽는 것, 귀신에 대해 잘 말했지만 그 까닭의 진수를 밝히지 못하여, 활시위는 당겼으나 화살을 발사하지 못하는 격이 되었습니다. 정자가 말하기를, '죽는 것과 사는 것, 사람과 귀신은 하나면서 둘이요, 둘이면서 하나이다' 라고 했는데, 참으로 옳게 정의했습니다. 나 또한 사는 것과 죽는 것, 사람과 귀신은 단지 기(氣)가 모이고 흩어지는 것뿐이라고 말합니다. 모이고 흩어지기만 할 뿐 생겼다가 없어졌다 하지 않는 것은, 기의 본래 모습이 그러하기 때문입니다. 기가 크게 모인 것은 하늘과 땅이오, 작게 모인 것은 만물입니다. 모이고 흩어지는 기세에 따라 다양한 차이가 있을 뿐입니다. 비록 풀 한 포기 나무

한 그루 같은 미미한 사물도 그 기의 끝은 흩어지지 않는데, 하물며 크고 오랫동안 모인 사람의 정신과 지각(知覺)이 그렇게 빨리 흩어지겠습니까? 사람이 죽으면 형체와 육체가 흩어져 없어지는 것 같지만, 사람이 죽어서 흩어지는 것은 육체뿐이오, 텅 빈 것처럼 맑고 깨끗한 사람의 기는 그 끝에 가서 흩어지지 않습니다. 단지 태허의 맑은 기 가운데 하나로 흩어질 뿐입니다. 사람 지각(知覺)의 모임과 흩어짐에는 단지 빠르고 느림의 차이가 있습니다. 예를 들어 하나의 촛불의 경우 그 기운이 눈앞에서 흩어지는 것 같지만, 그 남은 기의 종말은 흩어지지 않습니다. 어떻게 없어졌다고 말할 수 있겠습니까?"

화담 선생은 사람이 태어난다는 것을 기가 모이는 것으로, 죽어 없어지는 것을 기가 흩어지는 것으로 설명합니다. 사람과 귀신은 하나면서 둘이요, 둘이면서 하나인데, 그것은 귀신이나 사람이 본디 천지 사이에 있는 기로 이루어졌기 때문입니다.

선생은 정자와 주자가 귀신에 대하여 잘 말했다고 하였습니다. 정자는 '귀신이란 하늘과 땅이 만들어 낸 작용으로 조화의 흔적'이라고 하였고, 장자는 '귀신이란 두 가지 기의 능력'이라고 말했습니다. 그리고 주자는

"두 가지 기를 가지고 말한다면, 귀(鬼)란 음기(陰氣)의 신령함이요, 신(神)이란 양기(陽氣)의 신령함입니다. 하나의 기를 가지고 말한다면 뻗어나 펼쳐지는 것이 신(神), 오그라들고 되돌아가는 것이 귀(鬼)입니다. 실제로는 하나일 뿐입니다"라고 하였습니다. 그러면서 주자는 귀신은 형체와 소리가 없는, 조화의 흔적이라 말했지요.

여러 유학자들이 말한 귀신을 종합해 보면, 우리가 영화나 텔레비전에서 보듯이 머리를 풀고 흰 옷을 입고 나타나는 유령은 귀신이 아닙니다. 귀신이란 기(氣)이며 소리도 없고 모습도 없는, 기의 신비한 조화의 흔적을 일컫는 말입니다. 따라서 귀신은 물질이라 할 수 있고, 물질이라면 유학자들이 말하는 귀신도 과학적으로 탐구할 수 있는 것이 됩니다. 귀신을 무서워할 필요가 전혀 없다는 것은 이 때문입니다.

인간이 살아 있다는 것은 기가 모여 형체를 이루며 활동을 하고 있다는 것입니다. 죽은 것이란 활동이 멈추고 원래의 기로 돌아간 것을 뜻합니다. 사람이 죽으면 육체는 서서히 변하면서 기로 돌아가지만, 몸에서 활동하는 생기(生氣)는 금방 자연으로 돌아가 버리는 것이지요.

# 3

## 사람만이 가진 힘

1. 종교에 귀의하다
2. 탄저병에 걸린 고추
3. 재가 또 다른 열매를 키우듯
4. 바람이 분다!

 사물이 나오고 나와도 다 나오지 않고, 사물이 돌아가고 돌아가도
다 돌아가지 않는다.

— 서경덕

# 1 종교에 귀의하다

"드디어 우리 마을이 종교 대결에 들어간 거야."

세준이가 비장하게 말했습니다.

"키키키."

두진이가 방정맞게 웃는 바람에 아이들이 몰려들었습니다.

"왜 웃어?"

세준이는 언짢은 듯 미간을 찌푸렸습니다.

"뭐가 그렇게 거창하냐? 종교적 대결 구도?"

두진이의 말에 아이들이 호기심을 보였습니다.

"종교적 대결 구도라니?"

"그게 뭐야?"

"세준이가 그러잖아. 드디어 우리 마을이 종교 대결에 들어갔다고 말이야!"

"왜, 이두진! 내가 어려운 말을 쓰니까 잘 못 알아들으시겠냐?"

"뭐?"

"그럼, 내가 차근차근 설명해 주지. 우리 마을은 그동안 봄이 오면 꽃이 피는 대로, 누구네 집 제삿날이면 떡 얻어먹는 재미로, 그저 순리대로 살아왔는데 한 달 전에는 무당이 들어와 여기저기서 굿판을 벌이더니 이젠 교회까지 들어섰으니 여기저기서 기도 소리가 넘치지 않겠냐, 이 뜻이야. 굿과 기도라? 무속신앙과 기독교의 대립. 이것을 일컬어 이 형님이 유식한 말로 종교 대결이라 하신 것이다. 알겠냐?"

"짜식! 별것도 아닌 것 가지고 유식한 척하기는. 그냥 교회가 생겼다고 하면 될 일을. 그리고 뭐 그게 종교 대결까지 되겠냐? 엄연히 자유가 있는 이 나라에서!"

"그래도 우리 마을에 굿당과 예배당이 동시에 들어왔다는 것은 큰 뉴스거리가 아니겠어? 봐라. 이제 이 두 종교 간의 갈등이 시작될 테니."

"무슨 종교가 쌈닭이야? 갈등은 뭐고, 대결은 또 뭐냐? 그냥 굿하고 싶으면 굿하고 기도하고 싶으면 기도하면 되지."

두진이와 세준이는 옥신각신했습니다. 그러나 나는 두진이가 왜 세준이의 말에 토를 다는지 알 것 같았습니다. 우리가 무당 딸인 정숙이와 친구가 되었기 때문입니다. 종교적 편 가르기를 해서 정숙이를 따돌리거나 외톨이로 만들까 봐 미리 말해 둔 것이지요. 말하자면 의리 있는 두진이가 미리 선수를 쳐서 정숙이가 상처받지 않도록 하려는 겁니다.

하지만 나는 하나도 걱정이 되지 않습니다. 그동안 보아 온 정숙이는 누구보다 야무지고 단단한 아이였거든요. 자신이 무당의 딸이라고 무조건 교회를 싫어하지 않을 것 같아요. 두진이는 넘겨짚기가 심해서 탈입니다. 짜식!

그런데 정말 의외의 일이 생겼습니다. 하교 후 우리들은 여느 때와 다름없이 정숙이네로 놀러 갔습니다. 정숙이 엄마는 집을 잘 비우시기 때문에 우린 종종 정숙이네 집에 모여 놀거든요.

"우리 교회에 가 볼래?"

정숙이의 말에 우리는 깜짝 놀랐습니다.

"교회에?"

두진이가 물었습니다.

"그래, 교회에 가 보자. 교회가 어떤 곳인지 알고 싶기도 하고, 그곳에 가면 더 많은 친구도 사귈 수 있을 것 같아. 사실 엄마 일이 싫어서인 것도 있지만, 엄마를 이해하려면 다른 종교도 어떤지 알아야 할 것 같아서."

"너희 엄마가 아시면 큰일이 날 텐데? 싫어하지 않으실까? 그러니까 뭐야, 무당하고 교회는 어쩐지……."

나는 정숙이가 걱정스러웠습니다.

"상관없어. 몰래 다니면 되지, 뭐. 그리고 나도 이젠 내 뜻대로 뭔가 하고 싶어."

정숙이는 뭔가 단단히 마음먹은 모양이었습니다.

"사실……."

영미가 가방에서 무언가를 꺼냈습니다.

"교회에서 나온 사람들이 선물을 줬어. 뭐 꼭 선물이나 먹을 것을 줘서가 아니고, 사람들이 나빠 보이지 않더라. 나도 교회에 한 번 가 보고 싶었어."

두진이가 영미를 살짝 흘겨보았습니다.

"만약에 교회에서 말하는 천당이 진짜로 있다면 나가 보고 싶어. 교회에 나가서 기도를 열심히 하면 우리 할아버지도 천당에 가실 수 있을지도 모르잖아."

나도 슬그머니 교회에 대해 받은 좋은 느낌을 말했습니다.

"뭐야? 다들? 그럼 나는?"

두진이가 난처해 했습니다.

"너야 당연히 나를 따라와야 하는 거 아니야?"

영미의 말에 두진이가 웃고 말았습니다.


어쨌든 그리하여 우리들은 교회에 가게 되었습니다. 거대한 십자가를 보자 엄숙함이 느껴졌습니다. 예배 의식이나 기도, 찬송이 낯설고 어색했지만 목사님의 설교는 예상 외로 많은 생각할 거리를 주었습니다. 예배 후에 하는 교리 공부도 재미있었습니다. 게다가 삶의 두려움을 없애 주면서 마음을 평안하게 해 주었습니다. 교리를 가르쳐 주시는 선생님은 우리들에게 떡볶이도 사 주시면서 다정하게 대해 주셨습니다.

기독교의 기본 교리는 '서로 사랑하라' 입니다. 사랑, 그것은 위

대한 힘을 가졌습니다. 교회에서 말하는 천당이니 구원이니 하는 말들은 아직 실감이 나지 않았습니다. 그러나 서로 사랑하라는 말은 사람이라면 모두가 실천해야 할 기본 원리인 것입니다. 나는 그 말을 가슴 깊이 새겼습니다. 가족을, 친구를, 그리고 모든 사람을 사랑할 수 있는 따뜻한 마음을 갖는다는 것, 그것만으로도 기독교는 나에게 새로운 희망을 심어 주었습니다.

'나를 믿으라, 그리하면 너와 네 가족이 구원을 얻으리라' 는 말에도 깊은 믿음이 생겼습니다. 내가 기도를 열심히 하면 할아버지가 천당에서 영원히 행복하게 사실지도 모른다는 기대를 품기도 하였습니다. 하지만, 그것보다도 내가 앞으로 살아가면서 착하게 사랑을 실천하며 살 수 있는 성숙한 사람이 되어 간다는 자체로도 기뻤습니다.

정숙이는 친구들을 많이 사귀게 되었다고 좋아했습니다. 학교에 다니지 못한 정숙이에게 교회는 학교와도 같았습니다. 정숙이는 자신이 무당의 딸이 아닌 한 사회의 일원이라는 자체만으로도 기쁘다고 했습니다. 영미는 선물 때문에 교회에 갔지만 교회 사람들이 영미의 호탕한 성격을 칭찬해 주어 신이 났습니다. 두진이는 여러 가지로 교회를 썩 마음에 들어 하진 않았지만 그런대로 잘

다녔습니다.

"그런데 선생님, 예수님을 믿으면 죄 사함을 받고 그렇지 않으면 영원히 지옥의 고통 속에서 벌을 받게 된다는데 왜 그런가요?"

누군가의 질문에 교리를 가르쳐 주시던 선생님께서 웃으시며 설명을 하셨습니다.

"인간이란 죄로 인해 죽을 수밖에 없는 존재이지만 예수님이 십자가에 못 박혀 죽으면서 흘린 피로 죄 사함을 얻어 예수를 믿으면 우리가 그로 인해 구원을 얻는 것이지."

"그런데 왜 인간은 죄로 인해 죽을 수밖에 없어요?"

"최초의 인간인 아담이 하느님이 따 먹지 말라는 선악과라는 나무 열매를 따 먹었기 때문에 그 후손인 인간이 죄인이라는 것이지. 인간의 본래 죄를 '원죄'라고 해."

선생님의 설명에 몇몇 아이들이 고개를 끄덕였습니다. 그러나 나는 조금 이해가 되지 않는 부분이 있었습니다. 그깟 사과 한 개 따 먹었다고 그리 큰 죄일까요? 아마도 그것은 선과 악을 깨닫게 해 주는 사과일 테니 또 다른 의미가 있겠지만요. 하느님의 존재를 마음속으로 믿지 않으면 모든 것이 모순 투성이인 것 같았습니다. 눈에 보이지도 않는 것을 어떻게 믿을 수가 있단 말이에요?

그러나 나는 '믿어야 한다, 믿어야 한다' 하고 마음속으로 주문을 외웠습니다. 왜냐하면 그래야 구원을 얻고 죽음의 두려움에서 벗어나 천당에서 영생을 누릴 수 있지 않겠어요? 특히 우리 할아버지께서 말이에요.

　기독교의 교리에 따르면 하느님을 믿는다는 것은 확실히 마음을 든든하게 해 줄지도 모릅니다. 이스라엘 민족을 구원하기 위하여 하느님은 이집트에서 수많은 기적을 일으켰습니다. 홍해를 갈라 이스라엘 백성을 구원하고, 광야와 사막에서 40년 동안이나 이스라엘 백성들을 먹여 살리고, 가나안 땅을 정복할 때는 하느님께서 항상 맨 앞에서 도와주었다고 합니다. 하느님은 자신이 선택한 민족에게 큰 힘과 복을 주었습니다.

　물론 이집트나 가나안 땅에 다른 민족들이 믿던 신이 없었던 것은 아닙니다. 그런 신들은 하느님과 감히 겨룰 수가 없었다고 합니다. 하느님은 이 세상을 창조하신 분이기에 그 어떤 신도 하느님을 이길 수가 없습니다. 그래서 하느님을 믿었던 이스라엘 사람들이 이집트를 탈출하여 가나안 땅에 나라를 세울 수 있었던 것입니다. 내가 하느님을 믿으면 바로 그런 권세와 능력을 받을 수 있다는 생각에 마음이 든든했습니다.

과학적으로 귀신이 없다고 했을 때 무서움이 없어지기는 했지만, 하느님을 믿어서 두려움을 떨친 것에 비하면 새발의 피였습니다. 하느님은 모든 신들 가운데 최고의 신입니다. 이 세상과 만물을 창조한 그분이 날 지켜 준다면 모든 두려움과 공포가 한 방에 날아가지 않겠어요?

사람들은 죽는 것을 매우 무서워하고 죽지 않으려 안간힘을 씁니다. 그런데 기독교인들은 대부분 그렇지 않다고 합니다. 죽은 뒤에 더 좋은 세상으로 가는 것이니 죽음을 두려워하지 않는다는 말이지요.

"농사 때문에 바쁘다고 아버님을 잘 모시지 못한 게 제일 마음에 걸려요."

엄마가 한숨을 내쉬었습니다.

"그게 뭐 당신 탓인가? 원래 농촌에서 사는 일이 그런 걸. 그렇게 따지면 나도 아버님이나 당신 그리고 영덕이한테 뭐라 말할 처지는 못 되지."

아버지도 한숨을 내쉬었습니다. 할아버지가 돌아가신 후로, 부모님은 몹시 괴로워했습니다. 바쁜 농사 일 때문에 아픈 할아버지를 잘 모시지 못해 할아버지가 돌아가신 거라고 슬퍼했습니다.

"아버님을 잘 모시지도 못했는데, 묫자리 문제로 가뜩이나 자주 만나지도 못하는 남매들까지 서먹해졌으니……."

엄마는 장례 때 있었던 일이 떠올랐나 봅니다.

"그러게, 다 내 마음 같지가 않구먼. 어쨌든 아버님은 가까운 공원묘지에 모셨으니 우리가 좀 더 찾아뵈어야 하는 거고. 언제나 자식들 걱정이 많으셨는데……. 부디 좋은 곳에서 편히 지내셔야 할 텐데."

"할아버지께서 엄마 아버지의 마음을 다 알고 계실 거예요. 너무 슬퍼하지 마세요."

나는 울상을 지으며 말했습니다. 할아버지가 돌아가시고 나 역시 몹시 슬프고 허전했습니다.

"우리 영덕이한테도 정말 미안하구나. 우리 가족이라곤 셋뿐인데……. 너에게 일찍 동생이라도 하나 더 봐 줬더라면 좋았을 것을. 농사 일이 바쁘다고 너한테도 신경을 많이 써 주질 못했어."

엄마가 내 머리를 쓰다듬어 주셨습니다.

"그래, 아버지 마음도 엄마와 같아. 앞으로는 우리 가족이 좀 더 함께 할 수 있는 시간을 가져 보자."

"그래서 말씀드리는 건데요……."

나는 잠시 머뭇거렸습니다. 엄마와 아버지가 나를 쳐다보고 있었습니다.

"우리 가족이 함께 교회에 다니는 것은 어떨까요?"

"교회?"

엄마와 아버지가 똑같이 말씀하셨습니다.

"네, 우리 마을에 교회가 생긴 건 알고 계시죠?"

"그래, 지은이네 식구들도 교회에 다닌다고 하더라. 지은이네가 우리 마을에 이사 오기 전에 교회에 다녔다는데 우리 마을엔 교회가 없어 주일을 못 지킨다고 안타까워하더니 교회에 다니면서 마음이 편안해졌다고 얼굴이 다 폈다던데?"

엄마 말씀에 아버지가 "그래?" 하고 되물으셨습니다.

"사실 저도 친구들을 따라 몇 번 교회에 가 봤는데 생각보다 참 좋은 곳이더라고요. 하느님을 믿으면 가족이 구원을 받는데요. 죽어서도 천당에 가고. 할아버지가 천당에 가실 수 있도록 우리 가족이 기도하면 좋을 것 같아요. 일요일만이라도 우리 가족이 모두 함께 교회에 나가면 얼마나 좋겠어요?"

"음……."

아버지는 한참을 생각했습니다.

"나도 교회에 가 보는 건 어떨까 생각해 본 적이 있어요. 농사에만 매달리다 보니 너무 일에 치이는 것 같고, 다른 아줌마들하고 이야기도 안 통하고. 무엇보다 일요일 하루 정도는 예쁘게 차려입고 우리 영덕이랑 나들이 가는 기분으로 외출하는 것도 나쁘지 않을 것 같아요."

엄마 말에 아버지 마음도 조금씩 움직이는 것 같았습니다.

"돌아가신 아버님이 우리의 기도로 좋은 곳에 가신다면……."

"그렇대요. 그래서 교회에 다니는 사람들은 죽음을 두려워하지 않는대요. 오히려 기뻐한대요. 평화롭고 아름다운 천당에서 살게 되었으니 말이에요."

나는 신이 나서 떠들어댔습니다.

"그렇다면 우리 가족이 함께 교회에 다녀 볼까? 너희 엄마도 농사일에서 조금 해방시켜 줄 겸. 무엇보다 우리 가족이 함께 할 수 있는 일이 생긴다는 것에 아버지는 찬성이다."

"정말요?"

나는 손뼉을 쳤습니다.


그리하여 우리 가족은 교회에 다니게 되었습니다. 작업복만 입던 엄마와 아버지는 멋있게 차려입고서 내 손을 꼭 잡고 교회에 나갔습니다.

예배 시간 목사님의 설교에 감동을 받으신 이후로, 아버지는 교회에 다녀오신 날 저녁엔 어김없이 성경을 읽으셨습니다. 교인들은 한 가족처럼 잘 대해 주었고 기쁜 일이 있거나 슬픈 일이 있을 때마다 함께 축하해 주고 위로해 주며 늘 우리 가족을 위해 기도해 주셨습니다.

아버지는 할아버지가 천당에 가셨을 것이란 믿음으로 전보다 훨씬 마음이 편안해지신 것 같았습니다. 엄마도 농사일에서 벗어나 하루쯤 여러 신도들과 시간을 보내며 고단한 일상을 벗어나고 있었습니다. 무엇보다 일요일이면 함께 교회에 나가게 되어 함께 하는 시간이 많아지자 우리 가족 사이가 더욱 화기애애해졌습니다.

신앙생활은 우리 가족에게 큰 평안과 안식을 주었습니다. 귀신의 존재에 대한 두려움과 죽음의 공포로부터 자유를 주었기 때문이었는지도 몰랐습니다. 미래의 삶에 대한 막연한 불안감이나 살면서 부딪치게 되는 여러 가지 두려움을 하느님께 맡기니 어찌 이같이 편안하지 않겠어요?

"얼른 나와!"

아버지는 옆구리에 성경을 끼고 재촉하였습니다. 엄마는 옷매 무새를 다듬으며 활짝 웃었습니다.

"잠깐만요. 곧 나가요."

나는 지갑에서 헌금으로 낼 돈을 조금 꺼냈습니다. 용돈을 모아 두었던 것이었습니다. 헌금만은 용돈을 아껴 스스로 내고 싶었습니다.

"다 됐어요. 출발!"

나는 엄마, 아버지의 손을 잡고 폴짝폴짝 뛰었습니다. 멀리서 교회 종소리가 울렸습니다.

# 2 탄저병에 걸린 고추

방학이 시작되었습니다. 나는 여름 성경학교에 다니며 믿음을 키워가기 시작했습니다. 장마가 끝나고 농사일이 더욱 바빠졌지만 부모님도 일요일이면 어김없이 꼬박꼬박 교회에 나갔습니다. 그동안 조금씩만 헌금을 하던 아버지는 비료 살 돈을 쪼개 십일조를 시작했습니다. 살림이 빠듯하긴 했지만 하느님의 축복으로 농사가 잘 될 거라며 걱정하지 않았습니다.

그러던 어느 날이었습니다.

"여보! 영덕이 아버지! 좀 나와 봐요!"

밭에 나갔던 엄마가 비명에 가까운 소리를 들으며 뛰어 들어왔습니다. 아버지는 불길한 예감이 들었는지 외투를 걸치는 둥 마는 둥하며 뛰쳐나갔고, 나도 한달음에 고추 밭으로 내달렸습니다.

한눈에 봐도 고추 밭은 짙은 갈색 빛을 띠고 있었습니다. 엄마는 도착하자마자 밭 귀퉁이에 털썩 주저앉아 울기 시작했습니다. 아버지와 나는 밭이랑을 걸으며 군데군데 자세히 들여다보기 시작했습니다. 고춧잎에 암갈색 반점이 생기기 시작한 것, 점점 타 들어가고 있는 것, 아예 줄기 전체가 말라 죽어 버린 것 등 상황은 심각했습니다. 부모님은 물론 나까지 일요일에 교회도 나가지 못하고 고추 밭에 매달려 상한 잎들을 골라냈지만 고추들은 급속도로 병들어 가고 있었습니다. 아버지는 고추가 탄저병에 걸린 것 같다고 하였습니다.

"고추는 습기에 약한데, 비가 많이 오는 장마철에는 햇볕을 많이 받지 못하고 습도도 높아서 뿌리가 제 힘을 못 쓰게 된단다. 그래서 장마 끝 무렵에 이렇게 탄저병에 걸리기가 쉬워. 그래도 밭 전체가 다 이렇게 될 줄이야. 좀 더 신경을 썼어야 하는 건데……."

"우리 이제 어떡해요, 아버지?"

"……."

절망한 아버지의 표정을 보니 정말 하늘이 우리 집 지붕으로 무너져 내리는 기분이었습니다.


고추 농사를 망치고 절망한 아버지는 목사님을 찾아가 방법을 의논했습니다. 이미 망친 농사는 그렇다 치더라도 앞으로 새롭게 농사를 시작하려면 도움의 손길이 필요하기 때문이었습니다. 그러나 아버지가 목사님으로부터 들은 말은 희망이 아니라 절망의 확인이었습니다.

"기도하세요. 모든 것이 하느님께 달려 있습니다."

목사님의 말씀을 듣고 아버지는 조심스럽게 이야기를 꺼내셨습니다.

"이미 망친 농사를 누구에게 탓하겠습니까? 일단 밭을 정리하려면 일손도 부족하고 새롭게 농사를 지으려면 자금도 필요하니 어떻게 변통이 안 되겠습니까?"

아버지는 어렵게 말씀을 꺼내며 한숨을 내쉬었습니다.

"탄저병은 〈출애굽기〉 9장 9절에서 모세가 언급한 바 있는

데…… 그러니까…….”

목사님은 성경을 펼치며 얼버무렸습니다. 아버지는 절실한 눈빛으로 목사님께 부탁했습니다.

“일단 신도들이 저희 밭에 나와 도움을 줄 수 없을까요? 그리고 또, 말씀드리기 어렵지만 교회 운영자금을 조금만 변통해 주시면 좋겠습니다. 그동안 우리 가족이 꼬박꼬박 헌금도 냈고 열심히 다녔는데……. 지금 대출도 어려운 상태라 믿을 곳이 우리 교회밖에 없어요.”

“탄저병은 아주 위험한 질병이지요. 동, 식물은 물론 사람에게까지 전염이 되어 치명적인 병을 일으킵니다. 심지어 사망에 이를 수도 있지요. 그러니…….”

“신도들을 모을 수 없다면, 자금 조달이라도, 조금이라도 부탁을 드립니다.”

“여름 부흥회 준비로 신도들이 무척 바쁩니다. 우리 교회가 개척된 지 얼마 되지 않아 운영자금도 어려운 형편이라……. 하지만 근심하지 마세요. 기도하고 구하면…….”

거기까지만 듣고 아버지는 내 손을 잡아끌며 집으로 돌아왔습니다. 아버지는 집으로 오시는 내내 한숨을 내쉬었습니다. 아버지의 한숨 소리를 들으며, 그리고 목사님의 말씀을 되새겼습니다. 전지전능한 줄 알았던 하느님이 너무나도 무능력하다고 생각했습니다. 성경에서 들었던 그 놀라운 능력으로 왜 우리 고추 밭을 구원해 줄 수 없는 것인지 이해가 되지 않았습니다. 하늘을 올려다보시며 눈물을 훔치는 아버지를 보았습니다. 나도 눈물이 났습니다.

다행히 여름방학이라 나는 부모님과 함께 고추 밭일을 도울 수 있었습니다. 두진이와 영미 부모님은 물론 몇몇 마을 어른들이 우리 고추 밭에 나와 도왔습니다. 두진이, 영미, 세준이, 혜진이, 그리고 정숙이까지 모두 달려 나왔습니다. 탄저병에 걸린 고추뿐만 아니라 밭도 깨끗이 관리해야 더 이상 오염되지 않을 것입니다. 그래야 앞으로 농사를 계속 지을 수 있다고 했습니다. 아주머니들은 고추를 거둬들였고, 우리들은 밭에 떨어진 열매와 낙엽을 긁어모았습니다. 그리고 그것들을 모두 불태웠습니다. 아저씨들은 고인 물을 빼내기 위해 밭이랑을 넓히고 방제 농약을 뿌렸습니다. 하루하루 고된 일이었지만 밭이 깨끗하게 정리되어 갔습니다.

"그런데 교인들은 한 명도 안 나왔네?"

누군가 말했습니다.

"부흥회 준비로 교회도 바쁘다고 하네요."

"교회가 부흥하려면 마을 사람들 모두가 잘 살아야 하는 것 아니야?"

"이렇게 어려울 때 이웃을 돕는 것이 하느님의 말씀을 따르는 것이 아니겠어?"

"그러게요. 입으로만 이웃의 사랑이 어쩌고저쩌고……."

"에이, 그러게. 교회가 잘 살기 위해 우리가 필요한 거지, 우리가 잘 살기 위해 교회가 필요한 거겠어?"

"우리 보고 믿음이 없어 주일도 빼먹는다고 합디다. 지금 이 상황에 교회에 나가 기도만 하면 되는 일인가요?"

어른들이 밭을 정리하며 나누는 말씀을 들으니 절로 화가 났습니다. 이웃을 네 몸처럼 사랑하라고 했던 성경 말씀이 모두 거짓으로 느껴졌습니다. 하느님뿐만 아니라 그 무엇도 이젠 믿을 수가 없었습니다.

# 3 재가 또 다른 열매를 키우듯

"사실, 난 처음부터 교회에 나가는 게 마음에 들지 않았어. 너희들이 간다고 하니까 그냥 따라 나간 거지."

두진이가 낙엽을 긁어모으며 말했습니다. 어른들은 모두 들어가시고 남은 우리 네 명은 탄저병에 걸린 고추와 잎 더미 옆에 피워 놓은 모닥불 주위에 모여 있었습니다.

"나도 처음엔 선물 때문에 갔지만……. 그게 다 교회에 나오게 하려고 한 미끼 아니겠어? 난 사실 천당이나 지옥을 믿지 않아.

화담 선생의 기(氣)에 대한 이야기가 더 믿음이 간다고."

영미도 두진이를 거들며 말했습니다.

"난 다시는 교회에 나가지 않을 거야. 우리 아버지가 목사님 댁에서 나오시며 눈물을 흘리실 때 결심했어."

나는 아버지의 손을 잡고 교회에서 나오던 때가 생각이 나서 화가 났습니다.

"그래, 사실 우리가 믿음이 있어서 교회에 다닌 건 아니잖아? 그냥 분위기가 그랬어. 우리 마을에 교회가 막 들어오니까 호기심에 그만……."

우리들은 종종 '믿음이 있느냐'에 대한 문제에 있어서는 의문을 품었습니다. 진실한 믿음을 갖고 교회에 나갔다고 하기 보다는 각자 어떤 목적을 가지고 교회에 나갔기 때문이었습니다.

"물론 이번 일은 교회 사람들이 잘못한 것 같아. 어려울 때 서로 돕는 것은 당연한 일인데. 하지만 교회 사람들이 잘못한 거지, 종교 자체가 틀린 건 아니잖아?"

그 말에 영미가 정숙이를 쳐다보았습니다.

"그래서 넌 하느님을 정말로 믿니?"

"글쎄, 나 역시 기독교를 완전히 믿는 건지 확신할 순 없지만 그렇다고 기독교의 가르침 자체가 틀린 건 아니잖아. 교회에 다니는 사람들이 잘못한 거지, 그 종교가 잘못된 건가? 잘은 모르지만 내 생각엔 그래. 자기 뜻을 들어주지 않는다고 해서 꼭 상대방이 틀렸다고 할 수는 없어."

정숙이는 친구 사귀기를 아주 좋아합니다. 그것은 정숙이 성격이 착해서이기도 하지만 친구가 별로 없었기 때문이기도 할 것입니다. 그러니 되도록 교회 사람들의 행동을 이해하려고 하는 모양이겠지요. 그렇지만 나는 싫었습니다. 하느님 말씀을 따르는 하느님의 자녀들이 이웃을 돕는 아주 작은 일조차 실천하지 않는다면 그것은 말뿐인 믿음 아닌가요?

영미가 낙엽을 모아 태우는 모닥불에 반쯤 말라 버린 고추 열매를 던져 넣으며 말했습니다.

"사실 난 눈에 보이지 않는 걸 무조건 믿는 게 좋은 건지 의심스러워. 사실 세상이 누군가 창조해서 '짠' 하고 만들어졌다는 것도 잘 이해가 안 되고. 너희는 이해가 돼?"

"왜 이해가 안 돼?"

정숙이가 불쑥 되물었습니다.

"이 고추들을 봐. 얘들도 처음엔 작은 씨앗이었지만 자라서 열매가 된 거야. 그리고 지금은 불에 타서 재가 됐지만, 이 재도 그냥 없어지진 않아. 땅에 스며들어 양분이 되어서 또 다른 씨앗을 싹 틔우고 열매를 맺고, 또 흩어져서 땅에 스며들지."

"그래서?"

정숙이가 쏘아붙이듯이 맞장구를 쳤습니다. 영미는 계속 말했습니다.

"아무것도 완전히 새로 생기거나 없어져 버리지 않아. 우리 수련원에서 가르쳐 준 말대로, 세상을 이루고 있는 건 '기(氣)'야. 기는 끝없이 넓어서 세상을 빈틈없이 꽉 채우면서 또 영원하댔어. 기가 모였다가 흩어졌다 하는 것도 스스로 그렇게 움직이는 거지, 누가 시키거나 조종하는 것이 아니야. '짠' 하고 창조해 내는 것이 아니라고."

영미의 설명에 두진이가 나섰습니다.

"그래, 내 말이 바로 그거야. 과학적으로 접근하자는 말이야. 우리가 교회에 다니기 전에 알던 것처럼 세상은 물질로 이루어져 있을 뿐이야. 그리고 물질은 모였다 흩어졌다 하며 순환하는 거지, 새로 생겼다 없어졌다 하는 게 아니잖아? 이 세상은 신이 창조한 것이 아니라 원래부터 우주 법칙에 따라서 이렇게 돌아가고 있었던 거야."

"두진이 말이 맞아. 화담 선생님이 그랬대, 세상엔 기밖에 없다고. 사실 천국이나 지옥이 어디 있어? 나무나 풀도 죽으면 그 기가 금방 흩어지지 않는데, 하물며 정신이 있는 인간이 그러겠어? 사람이 죽자마자 금방 흩어지지 않는 인간의 기를 우리는 귀신이라고 하는 거야."

"만약 인간에게 모인 기 가운데 어떤 것은 원래의 기처럼 맑은 것이라면, 그것은 원래의 그런 기이기 때문에 죽어서도 흩어지지 않아. 어쨌거나 귀신이 있다고 해도 그것은 기일 뿐인 거지. 귀신이라고 불러도 되는 기는 이미 물질적인 거라서 무서워할 필요가 없어. 그러고 보니 다시 비가 오던 교실에서 있었던 귀신 이야기로 돌아갔네? 히히."

영미가 장난스럽게 웃었지만 나는 새로운 깨달음이 생겼습니다. 아! 인간이 죽으면 기로 돌아가는구나. 인간에게 있는 맑은 기는 이미 살아 있을 때나 죽어 있을 때나 같은 기이구나!

맞습니다. 우리 허파 속에 들어오는 산소나 이산화탄소는 내가 살았을 때나 죽었을 때나 똑같은 물질입니다. 그러나 내 몸을 이루는 것들은 분해되어 내 몸과 다른 물질로 변할 것입니다. 그게 흩어지는 기인 것이지요.

할아버지가 돌아가셨다고 영원히 사라진 것은 아닙니다. 다만 그 기가 흩어졌을 뿐입니다. 그러니 인간에게 영혼 따위가 없는 것이 맞겠지요. 죽어서 천당에 가고 지옥 갈 이유도 없고요. 천당이나 지옥이라는 것 때문에 죽음에 대한 공포가 생겼고 또 불안했습니다. 그래서 나의 기도로 할아버지의 영혼이 천당에 갈 수 있다고 믿었는지도 모르겠습니다.

사실 진짜 '나'는 따로 있는지도 모릅니다. 잠시 내 몸을 이루는 것, 나를 생각하게 만드는 것, 이 모두가 기인 것입니다. 만물은 기로써 하나이지요. 다시 말하면 '나'라는 것이 저기 보이는 구름이고, 돌이고, 얼굴을 스치는 바람과 같은 것일 겁니다. 내가 너이고 네가 나이지요. 내가 만물이고 만물이 나인 것입니다.

모든 것이 하나의 기가 만들어 낸 것입니다. 이러한 만물을 벗어나 귀신이니, 영혼이니, 천당이니, 지옥이니 하는 것들은 모두 인간의 마음이 만들어 낸 그림자일 뿐이겠지요? 잠시 있다가 흩어지는 나에게 집착하고 구원을 받으려고 한 것이 모두 가짜였고, 그 가짜가 커져 버려 진짜 나를 보지 못한 것일 테니까요.

가짜인 '나'를 버리면 기만 남는 것입니다. 이 지구가 없어진다고 해도 말입니다. 영원토록. 그래서 모든 만물은 기로써 한 몸이 되는 것인지도 모르겠습니다. 나는 우주이고, 우주가 나인데 우주와 나를 분리시켜 영혼이 있다, 천당이나 지옥이 있다고 하는 것은 인간이 죽음을 두려워해서 만든 허구일 뿐이라는 생각이 들었습니다.

# 4 바람이 분다!

"엄마야!"

아이들이 비명을 질렀습니다. 바람이 불어 창문이 덜컹거렸습니다. 사나운 바람이 불자 누군가 흔들어 대는 것처럼 창문이 덜컹거립니다. 창밖을 보니 금방이라도 비가 올 듯 하늘이 잔뜩 흐립니다.

"귀신이 나올 것 같아."

"그러게. 갑자기 왜 이렇게 바람이 부는 거야?"

"원래 귀신은 이렇게 바람이 쉬익 불때 스르륵 나타나지."

"엄마야! 무섭게 왜 자꾸 그래? 정말 귀신이라도 나타나면 어쩌려고."

흐린 날씨 때문에 아이들이 귀신 이야기로 떠들썩했습니다. 하지만 나는 이제 무섭지 않았습니다. 영미가 말한 기 철학자 서경덕은 사물을 있는 그대로 보라고 했다지요? 나도 그러기로 했습니다.

비가 오고 바람이 부는 자연 현상은 자체의 법칙에 의해서 그렇게 되는 것이지, 신이나 다른 누군가가 조종하기 때문에 그렇게 되는 것이 아니라고 생각합니다. 그러니 돌아가신 할아버지의 영혼이 우리 주변을 떠돌아다닐 거라는 생각도 버리게 되었습니다. 인간이 죽으면 육체나 정신이 없어지는 것이 아니라 단지 원래의 기로 흩어질 뿐이니까요. 귀신이나 죽은 사람의 영혼 모두 원래의 기가 흩어진 것뿐이라고 생각하니 하나도 무서울 게 없었습니다. 자연도 사람도 모두 죽으면 본래의 기가 되는 것입니다. 그러니 자연과 인간은 기로써 하나가 되는 것입니다. 그래서 서경덕은 이렇게 말했나 봅니다.

'누구든 진정 자유롭게 살기 원한다면 탐구하라!'

나는 사람의 마음을 두고 함부로 단정짓지 않기로 했습니다. 우리 고추 밭은 지금 텅 비어 있습니다. 방학동안 이웃들의 도움으로 잘 정리가 되었고 곧 가을배추 농사를 지을 계획입니다. 탄저병에 걸린 고추 밭은 정리가 잘 되었으나 농사 자금이 없어 빈 밭만 바라보고 손을 놓고 있었지만, 하나 둘 이웃의 도움이 이어지면서 배추 씨앗을 살 수 있게 되었습니다.

　밭에 직접 나와서 일손을 거든 사람들만 있는 게 아니었습니다. 부흥회가 끝나자 신도들도 성금을 모아 주었고, 학교 선생님들도 정성을 보태 주었습니다. 이사 와서 한 번도 마을 사람들과 어울리지 않았던 정숙이 엄마도 마찬가지였습니다. 교회와 무당에 대한 편견을 가지고 있던 이웃 사람들은 모두 한뜻이 되어 우리를 도와주었습니다.

　나는 종교나 미신을 믿지 않습니다. 믿어야 할 건 종교나 미신이 아니라 바로 사람이라는 것을 깨닫게 됐지요. 교회를 다니든 안 다니든, 싸웠든 싸우지 않았던 사람이든, 도움을 준 이웃들에게 감사하는 마음. 그것만은 확실히 알게 되었으니까요. 사람들의 마음을 미루어 짐작하여 비뚜로 보지 않는 자세, 그들이 보여준 행동을 있는 그대로 받아들이는 자세가 중요한 것입니다.

아버지는 성금으로 모두 배추 씨앗을 샀습니다. 배추는 지금 심어 초겨울에 거둬들입니다. 아버지는 이번 배추 농사를 정성껏 지어 풍작을 해서 이웃들에게 김장 배추로 돌려줄 계획이라고 했습니다. 아버지의 땀과 노력이 눈에 보이지 않지만 배추 농사의 풍작으로 그것을 보여 주실 것이라 생각하니 사람의 마음도 기와 같이 흩어졌다가 모이는 것이라는 확신이 들었습니다.

수업 종이 울리고 선생님이 들어오시자 아이들이 소란스러워졌습니다.

"선생님, 무서운 이야기 해 주세요."

"귀신 이야기요!"

"나발나발 이야기는 아니겠죠? 나 발이 없어요! 크크."

"딱 하나만요!"

"빨리 해 주세요!"

아이들은 날씨를 빌미로 삼아 선생님께 귀신 이야기를 해 달라고 졸랐습니다.

"자, 조용! 너희들은 2학기 시작하자마자 또 귀신 타령이니?"

선생님은 방긋 웃으셨습니다.

"선생님, 귀신 이야기요!"

"그래요! 하나만 해 주세요. 네?"

아이들의 성화에 선생님은 못 이기는 척하시며 이야기를 시작하셨습니다. 순간 아이들은 조용해졌습니다. 귀신 이야기를 들으며 아이들은 잔뜩 겁에 질렸습니다. 그런 아이들을 보니 나는 슬며시 웃음이 나네요.

창밖을 바라봅니다. 바람이 붑니다. 그냥, 바람이 붑니다.

## 리(理)

화담 선생의 철학에서 리(理)를 어떻게 생각하는지 살펴보는 일은 매우 중요합니다. 리를 어떻게 보느냐에 따라 화담 선생의 철학과 성리학이 무엇이 같고 다른지를 밝힐 수 있기 때문입니다.

리에 관해서는 학자들마다 주장하는 바가 조금씩 다르기 때문에 하나로 말하기 어렵습니다. 성리학을 완성한 주자는 '인간의 성품이 곧 리'라고 하여 인간의 성품을 천리(天理)와 같은 것으로 보았습니다. 이 경우의 리는 인간이 마땅히 지켜야 할 도리를 말합니다. 다른 어떤 학자들은 리를 사물의 법칙으로 생각하기도 하였습니다. 우리가 과학 시간에 배우는 과학 법칙과 같은 것입니다. 리를 어떻게 보느냐에 따라 그 철학의 성격이 완전히 달라지고, 사람들이 해야 할 일도 달라집니다.

화담 선생의 철학에서는 시작도 끝도 없고 생겨남도 없어짐도 없는 기를 가장 중요한 개념으로 생각합니다. 기는 단지 모임과 흩어짐만 있으며 영원토록 존재합니다. 따라서 그는 주자처럼 리가 기에 앞서 있다는 것을 인정하지 않습니다. 게다가 기가 없어져 리만 홀로 있을 수도 없다고 주장합니다. 기 밖에는 리가 없으며 리는 기보다 결코 앞서지 않습니다. 기가 시작이 없으므로 리 또한 시작이 없으며, 리와 기는 서로 합쳐지면서 아주 오묘해집니다. 그렇다면 화담 선생의 철학에서 리란 도대체 무엇일까요?

리는 기 밖에 있는 것이 아니라 기가 운동하는 가운데 있습니다. 리의 역할은 기가 모이고 흩어지게 하는 데 있어서 바름을 잃지 않도록 하는 작용을 합니다. 다시 말해 기를 조종하고 다스리는 것입니다. 리는 결코 단독으로 행사하지 않으며, 언제나 기 안에서 기를 다스립니다. 이것은 기가 있음으로써 나타나는 것이지, 기가 없다면 리 또한 있을 수 없는 것입니다.

이것은 오늘날의 과학 법칙과 완전히 같지는 않지만, 이것은 서경덕 선생이 자연을 탐구한 결과로 스스로 깨달은 것이고, 오늘날 과학적 방법으로 나아갈 수 있는 단초가 됩니다.

## 신(神)

화담 선생의 철학에서 신(神)은 무엇일까요? 하느님이나 신화에 나오는 그런 신일까요?

화담 선생은 늘 기가 아주 기이하고 묘하다고 생각했습니다. 신이란 귀신이나 신령이 아니라, 기의 맑고 형체가 없는 묘함을 일컫는 말입니다. 기가 묘한 까닭을 일러 신이라고 하는데, 신을 이렇게 보는 관점은 《주역》에서 시작되었습니다. '음양의 기가 헤아릴 수 없이 묘한 것'을 일러 신이라고 한 데서 유래한 것입니다. 조선 후기 최한기는 신을 기의 덕(德)이나 기의 능력이라고 말합니다.

당시는 과학이 발달하지 않았기 때문에 물질의 운동에 있어서 인간의 능력으로 이해할 수 없는 것들이 많았습니다. 그러한 것들을 통틀어 신이라고 표현했던 것입니다.


## 서경덕의 기(氣) 철학

서경덕 철학은 자연과 인간의 참 모습을 밝히는 데 중점을 두고 있습니다. 다시 말해 자연의 근원과 인간의 근원을 탐구하는 데 힘을 쏟았다고 할 수 있는데, 특히 그의 기에 관한 학설은 자연을 관찰하고 탐구하여 스승 없이 스스로 얻어냈다는 점에서 큰 의미가 있습니다.

그는 사물을 있는 그대로 보려고 했습니다. 있는 사물의 뒤에 무엇이 있어서 사물을 그렇게 만드는 원리를 탐색하지 않았습니다. 비가 오고 바람이 부는 자연 현상은 자연 자체의 법칙에 의해서 그렇게 되는 것이지, 신이나 그 밖의 어떤 다른 원리가 있어서 그렇게 되는 것이 아니라는 것입니다. 유신론의 종교인들이 비가 오고 바람이 불고 번개와 천둥이 치는 것을 신의 뜻이라고 생각하는 것과는 정반대의 입장입니다.

또한 화담 선생은 어떤 원리가 먼저 있고 사물이 있다는 성리학적 입장도 받아들이지 않았습니다. 성리학에서는 사물에 리(理)와 기가 동시에 있지만, 리와 기의 순서를 말할 때는 부득불 리가 먼저 있다고 말합니다. 그러나 그가 말하는 리는 기를 지배하거나 조종하는 것이 아니라 단지 기의 운동이 바름을 잃지 않도록 하는 자율성일 뿐입니다. 따라서 기가 없으면 리도 없는 것입니다.

그는 기는 생기거나 없어지지 않고, 다만 모이거나 흩어지는 것뿐이라고 하여 노자와 불교를 비판합니다. 노자는 '있는 것(有)은 없는 것(無)

서 나왔다'고 하고, 불교는 '태어남과 없어짐'을 논하기 때문입니다.

　서경덕의 입장에서 인간의 죽음도 육체나 정신이 없어지는 것이 아니라 단지 원래의 기로 흩어지는 것뿐입니다. 인간의 정신도 육체와 분리된 영혼이 아니라, 기 중에서 맑은 것을 말하며, 사람이 죽으면 그 맑은 기 자체도 본래의 기가 됩니다. 정신의 근원도 결국 기인 셈입니다. 이처럼 자연과 인간은 기로 하나가 됩니다. 보통 종교에서 말하는 천당이니 지옥이니 하는 사후 세계는 화담 선생에게 있을 수 없는 일입니다.

　이와 같이 그의 철학은 철저하게 오늘날의 과학적 입장과 맞닿아 있습니다. 그래서 합리적이고 무신론적이며 사물을 있는 그대로 보고자 합니다. 하지만 그는 윤리나 사회 문제의 해결에 대해서는 다른 유학자들처럼 적극적인 관심을 보이지 않습니다. 그래서 후대의 퇴계 이황이나 율곡 이이 같은 학자도 그를 대학자로 인정을 하면서도, 그의 학문에는 병통이 있어 본받아선 안 된다고 지적하였습니다. 그것은 그의 철학이 성리학적 전통에 머물러 있지 않다는 뜻이기도 합니다. 이 또한 화담 선생이 자신만의 독창적인 기 철학을 확고히 세웠다는 것을 말해 줍니다.

　화담 서경덕의 철학은 조선 기 철학의 출발점이 됨과 동시에 후대의 기 철학에 많은 영향을 주었습니다. 그의 기에 대한 이론은 율곡 이이에게 비판적으로 계승되었습니다. 훗날 기 철학자인 임성주나 최한기도 서경덕의 사상을 그대로 이어갔습니다.

 에필로그

엄마는 내가 친구들을 사귀게 된 걸 아주 기뻐하셨어. 뿐만 아니라 마을 사람들을 좋아하게 됐지. 물론 무당인 엄마가 사람들과 자주 어울리지는 않았지만 영덕이네 고추 밭 사건을 보면서 마을 사람들의 넉넉한 인심에 감동을 받은 눈치셨지. 그래서 엄마가 대단한 결심을 하나 하셨어. 이 마을에서 오랫동안 살겠다고 말이야.

그리고 또 하나 약속을 하셨어. 그건 바로…….

"정숙아!"

아이들이 들어와 나를 불렀어.

"너희들 왔구나?"

아이들을 반긴 건 내가 아니라 엄마였어. 아이들은 더 이상 엄마를 보고 도망치지 않아. 그건 우리 엄마를 무당이 아닌 친구 정숙이네 엄마로 생각하기 때문일 거야. 두진이는 우리 마루에 놓여 있는 북이나 꽹과리를 쳐 보며 신기해 하기도 한단다.

"정숙아, 오늘은 영미가 진짜로 기 수련법을 가르쳐 준대."

영덕이의 말에 영미가 고개를 끄덕였어.

"좋아, 그럼 오늘 한번 기대해 보지."

우리는 뒷산으로 올라갔어. 나뭇잎들이 하나 둘씩 예쁘게 물들어가고 있었지.

"다들 배울 준비는 되었겠지?"

영미의 말에 두진이가 짜증을 부렸어.

"또 마음을 비워라 어째라, 서론만 길게 하지 말고 제대로 가르쳐 달라고."

"너 진짜 기 수련법을 배운 건 맞아? 어째 좀 의심스럽다?"

영덕이도 합세했지.

"너희들 배우기 싫은 모양인데? 스승 앞에서 참 말들이 많구나!"

영미가 두진이와 영덕이를 째려보았어. 나는 그 모습이 우스웠지만, 정말로 기 수련을 배울 수 있다는 기대에 가득 찼어.

"일단은 편안한 자세로 서서……."

영미가 다리를 어깨 넓이로 벌리고 서서 팔을 축 늘어뜨렸어.

"아, 참!"

갑자기 엄마와 했던 이야기가 생각났어. 아이들이 모두 나를 쳐다보았지.

"좋은 소식이 있어!"

"뭔데?"

아이들이 눈을 동그랗게 뜨고 일제히 나를 쳐다보았어.

"나…… 있잖아……."

"에이, 뜸들이지 말고 얼른 말해 봐."

"나 학교에 다니게 됐어."

나는 웃음이 나오려는 걸 간신히 참고 그렇게 말했어. 아이들이 "정말?" 하면서 함께 기뻐했어.

"우와, 정말 잘 됐다!"

"그럼 우리랑 같이 학교에 다니겠네?"

"내일부터?"

아이들은 나보다 더 흥분한 것 같았어. 그렇게 기뻐하는 아이들을 보니 너무나 고마웠지.

"아니, 언제부터 다닐지는 아직 모르겠어. 어제 엄마가 교육청에 가서서 나의 학교 문제를 상의하고 오셨나 봐."

"우와, 너희 엄마 이젠 이사 안 가신대?"

"응, 날 위해서 더 이상 이사는 안 하신대."

"정말 너무 기쁜 소식이다."

"그런데 아마 너희들과 함께 다니지는 못할 것 같아."

"왜?"

"너희들은 내년이면 중학교에 들어가지만, 나는 그동안 학교에 다니지 않았으니 다시 배워야 하지 않겠어?"

"물론, 그렇겠구나."

"괜찮아. 4학년이든 5학년이든, 학교에 다닐 수 있다는 것만으로도 기뻐."

"그래, 나도 기쁘다."

영덕이가 고개를 끄덕였어. 영미와 두진이도 그랬고.

"그래도 함께 같은 학교에 다닐 수 없다는 건 좀 아쉬운데?"

영덕이의 말에 두진이가 음흉한 눈빛으로 쳐다보았어.

"혹시 너 정숙이 좋아하는 거 아니야? 그래서 같이 학교 못 다니는 게 더 아쉬운 거고?"

"야! 이두진, 너 왜 자꾸 날 놀려?"

영덕이의 얼굴이 빨개졌어. 정숙이가 풋, 하고 웃음을 흘리며 말했어.

"너희들이 중학교에 올라가고 또 내가 초등학교에 다닌다고 해서 우리가 친구가 아닌 건 아니잖아?"

"당연하지!"

영미가 내 손을 꼭 쥐었어.

"그걸로 난 정말 행복해. 이곳에 와서 너희들을 사귀고 학교도 다니게 됐잖아."

난 갑자기 목이 메었어.

"야, 이렇게 기쁜 소식을 듣고 우리가 이러고 있으면 안 되지. 축하 파티라도 해야 하는 거 아니야?"

영미의 제안에 두진이와 영덕이가 환호했어.

"정숙이가 학교에 다니게 된 걸 기념으로 내가 한 턱 쏠게. 자, 모두들 가자!"

영미가 손을 번쩍 올리며 말했어.

"그럼 기 수련법은?"

영미의 기 수련법을 꼭 배우고 싶었던 나는 그렇게 말했지.

"지금 그게 문제야? 영미가 한 턱 쏜다는데!"

두진이는 벌써 산 아래로 내려가고 있었어.

"같이 가!"

영덕이가 두진이를 따라 내려갔어.

"사실……."

두진이와 영덕이가 산을 내려가고 우리 둘밖에 남지 않았지만 영미는 내게 귓속말을 했어.

"기 수련법에 대해선 나도 잘 몰라. 학원에 며칠 나간 건 사실이지만 그만뒀거든. 기가 흩어졌다 모였다 한다는 말만 듣고 나오긴 했는데……."

"정말?"

"그래도 뭐, 언젠가는 기가 내 몸에 꽉 차도록 모이겠지. 히히."

영미의 장난스런 웃음에 나도 웃음이 나왔어.

"그렇지만 두진이와 영덕이한테는 비밀이야!"

"응."

나는 고개를 끄덕였어. 영미와 나는 여자끼리의 비밀 하나를 갖게 되었어. 그 비밀이 마치 우리를 진정한 친구 사이로 만들어 준 것 같아 마음이 뿌듯했지. 진정한 친구란 모름지기 비밀 한 가지쯤 함께 간직한 사이가 아니겠어?

통합형 논술
활용노트

## 01 (가)와 (나)에 등장하는 기(氣)와 물질의 공통점을 말해 보시오.

(가) "종달새는 날개를 펄럭이면서 수직으로 오르락내리락하지만 한곳에 머물러서 운대. 그건 바로 공기 때문이야. 우리가 보는 하늘은 아무것도 없는 텅 빈 공간처럼 보이지만 사실은 공기로 꽉 차 있고, 그 공기 가운데서 날개로 바람을 일으키면서 종달새는 한곳에 머물 수 있는 거야."

"공중에 떠 있으면서?"

"응. 그걸 보면서 세상은 눈에 보이지 않는 무언가로 꽉 차 있다는 걸 발견한 사람이 바로 서경덕 선생이야. 그리고 눈에 보이지 않는 그 무언가가 바로 기라는 거지. 선생은 한 걸음 더 나아가 이 세상의 모든 것은 기로부터 태어났다고 했어. 들도 산도 나무도 돌도 사람도 벌레도 심지어는 귀신도 그렇다는 거야."

-《서경덕이 들려주는 기 이야기》중

(나) 남극은 우주 연구에도 중요한 위치를 차지하고 있다. 우주를 연구하는 주요 방법 중 하나는 우주 공간을 떠돌던 암석이 지구의 중력에 이끌려 떨어진 운석을 연구하는 것이다. 운석 중에는 태양계 가스와 먼지 덩어리에서 처음 생성된 후 전혀 변화하지 않은 것들도 있는데 이를

통해 태양계의 기원 물질과 생성 시기 등을 알 수 있다. 남극은 지구 표면의 3%에 불과하지만 지구상의 운석 중 80%가 넘는 2만 5천여 개가 이곳에서 발견됐다. 이것이 우주를 연구하는 과학자들이 남극에 주목하는 이유다.

- ○○신문, 2008년 2월 22일자 기사 중

## 02 귀신의 존재에 대한 (가)와 (나)의 차이점을 생각해 보고, 귀신이 있다고 주장할 수 있는 근거를 양쪽 입장에서 말해 보시오.

(가) 귀신들이 예수께 간구하여 이르되 만일 우리를 쫓아내시려면 돼지 떼에 들여보내 주소서 하니 그들에게 가라 하시니 귀신들이 나와서 돼지에게로 들어가는지라 온 떼가 비탈로 내리달아 바다에 들어가서 물에서 몰사하거늘 치던 자들이 달아나 시내에 들어가 이 모든 일과 귀신들린 자의 일을 고하니 온 시내가 예수를 만나려고 나가서 보고 그 지방에서 떠나시기를 간구하더라.

-〈마태복음 8장 31~34절〉,《성서》중

(나) 정자는 "귀신이란 하늘과 땅이 만들어 낸 작용으로 조화의 흔적"이라고 하였고, 장자(횡거)는 "귀신이란 두 가지 기의 능력"이라고 말했습니다. 그리고 주자는 "두 가지 기를 가지고 말한다면, 귀(鬼)란 음기(陰氣)의 신령함이요, 신(神)이란 양기(陽氣)의 신령함입니다. 하나의 기를 가지고 말한다면 뻗어나 펼쳐지는 것이 신(神)이요, 오그라들고 되돌아가는 것이 귀(鬼)입니다. 실제로는 하나일 뿐입니다"라고 하였습니다. 그러면서 주자는 귀신은 형체와 소리가 없는, 조화의 흔적이라 말하였지요.

-《서경덕이 들려주는 기 이야기》중

**03** (가)와 (나)를 읽고 미신과 과학의 차이를 말하되, (나)의 입장에서 (가)에 나타낸 태도를 비판해 보시오.

(가) 이회창 전 한나라당 총재의 대선 출마 가능성이 유력하게 거론되고 있는 가운데 충남 예산군 산성리에 있던 이 전 총재의 선대 묘 9기가 지난 6월 말부터 7월 중순 사이 '명당'으로 알려진 군내 다른 산(山)으로 이장된 사실이 확인돼 주목된다. (……) 그러나 이번 조상묘 이장은 이 전 총재의 대선 출마 움직임이 가시화되기 직전에 이뤄진 데다, 새로 조상의 묘를 옮긴 녹문리 선영이 '제왕이 태어날 지세,' '선비가 앉아서 책을 보는 지세'를 갖춘 것으로 알려져 여러 가지 해석을 낳고 있다. 실제로 김종필 전 자민련 총재도 16대 대선을 1년 앞둔 2001년 선대 묘를 이 전 총재 선영이 있는 신양면의 시왕리로 이장했다. (……) 한편 민주당 이인제 후보도 2000년 9월 충남 논산시 연산면 어은리 선영에 안장했던 모친 묘를 2004년 1월 200여 미터 떨어진 곳으로 이장한 바 있다.

－ ○○뉴스, 2007년 11월 5일 보도 내용 중

(나) "물론 나도 당숙 어른 댁 자손들이 하나같이 다 잘 되었다는 이야기는 들었어. 또 명당자리에 대한 이야기도 들었다. 허나 요즘 세상이

어떤 세상인데 그런 것 다 따져가며 묘를 쓰겠냐? 옛날 사람으로 치자면 내가 너희들보다 옛날 사람이지만 나는 그렇게 생각하지 않는다. 명당자리가 따로 있다면 명당자리 쓴 사람들만 잘 되어야지, 그렇지 않은 경우도 얼마나 많으냐? 요즘엔 대부분 공동묘지에 모시기도 하고 화장을 하기도 한다. 그렇다고 그 자손들이 모두 불행해지는 것은 아니지 않느냐. 명당자리에 대한 생각은 하나의 기우이며 미신이야. 너희들, 괜한 돈고생 맘고생 하지 말고 합리적으로 모시는 것이 낫다."

작은할아버지의 말씀에 모두들 잠시 조용해졌습니다.

－《서경덕이 들려주는 기 이야기》중

## 04 (가)와 (나)에 드러난 태도의 문화적 차이를 말해 보시오.

(가) 동지(양력 12월 22일)는 겨울의 대표 절기로 팥죽 먹는 날로 유명하다. 해가 가장 짧아 음(陰)이 극에 달하고 음성인 귀신이 성한 날인데 이를 물리치기 위해 양(陽)을 상징하는 붉은 팥죽으로 액을 물리치고자 했다. 그러나 같은 동지라도 음력으로 동짓달 초순에 드는 애동지 때는 팥죽 대신 팥떡을 주로 해 먹었다. 섣달그믐에는 집 안에 불을 밝히고 밤을 새는 수세(守歲) 풍속이 있었다. 궁중에서는 연종포(年終砲)를 쏘고 민간에서는 악한 기운을 물리치기 위해 폭죽놀이를 했다. 이런 풍속은 현대까지 이어져 비록 양력이지만 12월 31일 밤 보신각 등에서 제야의 타종을 하고 사람들이 거리로 나와 폭죽을 쏜다. '섣달그믐날 밤에 자면 굼벵이가 된다'거나 '섣달그믐날 밤에 잠을 자면 눈썹이 센다'는 속설도 이어지고 있다.

– ○○일보, 2007년 1월 16일 기사 중

(나) "난 이제부터 기를 연구해서 귀신 사냥꾼이 되겠어."

"뭐? 귀신 사냥꾼?"

이번에도 정숙이와 두진, 그리고 내가 동시에 말했습니다.

"만약 귀신이 있다면 그것도 사람과 똑같은 물질일 거야. 귀신이 물질이

라면 그 성질을 이용해서 물리치거나 쫓아낼 수 있어. 예를 들어 볼까? 호랑이는 생물이야. 물질로 되어 있지. 동물을 연구하는 사람들이 호랑이의 성질을 파악해서 사람에게 피해를 주지 않는 방법을 생각해 냈기 때문에 우리는 더 이상 호랑이를 무서워하지 않아. 고치기 힘든 질병도 요즘은 간단히 치료하잖아? 병균도 생물이고 물질과 관계되기 때문에 과학적으로 탐구하여 그 성질을 밝혀 낸 것이지."

－《서경덕이 들려주는 기 이야기》중

**05** (나)에서 말하는 사람들의 태도 문제를 (가)의 관점에서 해결하려면 어떻게 해야 할까요? 방법을 생각해 보고 그 이유도 말해 보시오.

(가) 사실 진짜 '나'는 따로 있는지도 모릅니다. 잠시 내 몸을 이루는 것, 나를 생각하게 만드는 것, 이 모두가 기인 것입니다. 만물은 기로써 하나이지요. 다시 말하면 '나'라는 것이 저기 보이는 구름이고, 돌이고, 얼굴을 스치는 바람과 같은 것일 겁니다. 내가 너고 네가 나이지요. 내가 만물이고 만물이 나인 것입니다. 모든 것이 하나의 기가 만들어 낸 것입니다. 이러한 만물을 벗어나 귀신이니 영혼이니 천당이니 지옥이니 하는 것들은 모두 인간의 마음이 만들어 낸 그림자일 뿐이겠지요?

－《서경덕이 들려주는 기 이야기》중

(나) 전통사회로 갈수록 일반적으로 폐쇄성이 강합니다. 그래서 나, 우리 가족, 우리 가문, 우리 씨족 등으로 나를 중심으로 똘똘 뭉칩니다. 그러고서 급기야 양반과 상놈으로, 중화(中華)와 오랑캐로, 더 나아가 문명과 야만으로, 그리고 오늘날 선진국과 후진국 등으로 나와 남을 갈라서 생각합니다. 그뿐만 아닙니다. 우리 고장 출신과 다른 고장 출신, 우리 학교 동문과 다른 학교 동문 등으로 나와 남을 구분하고, 종교에서도 하느

님과 사탄, 교회와 세속, 정통과 이단, 신자와 불신자, 보수신학과 자유
신학 등으로 자기와 타자를 나누고, 정치 경제적으로 자유 민주와 공산
독재로, 자본주의와 사회주의로, 보수우익과 친북좌파로, 친미와 반미,
진보와 보수 등으로 타자를 인식합니다.

− 종란,《전래동화 속의 철학 5》중

# 통합형 논술
# 문제풀이

**01** '기'와 '물질'은 모두 이 세상을 이루고 있는 재료입니다. 기는 하늘과 땅, 인간이나 심지어 귀신까지 이루고 있는 재료이고, 물질 또한 우리가 살고 있는 태양계를 비롯하여 우주를 구성하고 있습니다.

기와 물질은 근본적으로 없어지거나 생겨나는 것이 아닙니다. 모습을 바꿔 가면서 다른 대상으로 변하기 때문에, 겉에서 볼 땐 새로 생겼다가 없어졌다가 하는 것으로 보이지만 그 속을 이루고 있는 본질 자체는 변하지 않습니다.

또한 기와 물질은 인간이 관찰이나 실험을 통하여 알 수 있습니다. 직접적인 방식이건 간접적인 방식이건 우리는 시각, 청각, 후각, 미각, 촉각 등 우리가 가진 감각 능력을 통해 기와 물질의 특성을 알 수 있습니다.

**02** (가)는 귀신을 일종의 신(神)으로 생각하고 있습니다. 여기서 귀신은 하느님에게 대적할 수 없는 잡신(雜神)의 범위에 속한다는 입장이며, 이러한 귀신은 영적인 세계에 속하여 인간의 육체적 눈으로는 볼 수 없고 영적인 신앙의 눈으로 파악할 수 있는 것입니다. (나)에서 말하는 귀신은 (가)에서와 같은 신이 아니라 기(氣)의 신비한 성질이나 특징을 일컫는 말입니다. 이런 입장에서 (가)와 같은 귀신은 허황된 것입니다.

즉, (가)의 경우 신앙의 힘을 통해 귀신 존재를 알 수 있으며, 실제로 드러나는 현상이나 증세, 신앙적 체험 등을 그 증거로 제시합니다. 반면 (나)에서는 귀신에 대해서도 일반적인 사물과 마찬가지로 관찰하고 실험한 결과들을 정리하여 논리 정연하게 이론으로 세운 것을 근거로 하며, 이는 경험적인 사실을 토대로 하는 과학적 태도와 연결이 됩니다.

**03** 과학은 사물이나 사건, 또는 그것들 사이의 인과관계를 밝히는 학문입니다. 인과관계가 분명하지 않은 것에 근거한 믿음은 미신으로 취급됩니다. 또

미신이라 하더라도 인과관계가 확실히 밝혀지면 과학적 사실로 인정됩니다.

과학처럼 명료하진 못하지만 미신도 나름대로 근거를 가지고 있습니다. 미신은 인간의 삶과 죽음, 좋은 일과 나쁜 일 등 개인과 공동체의 삶의 문제에 관한 관습적인 믿음이라고 볼 수 있습니다. 하지만 이는 원인과 결과가 뚜렷하지 않아 사실로 증명해 낼 수 없습니다.

그러한 관점에서 볼 때 묘를 모시기 좋은 명당자리가 있고, 그 자리에 모셔야 후손들이 잘 산다는 것도 하나의 미신적인 것으로 근거가 충분하지 않습니다. 일단 명당자리가 어째서 좋은지 근거가 부족하고, 후손들이 잘 되었다는 게 어떤 기준인지 모호합니다. 그렇기 때문에 명당자리에 조상 묘를 모시면 후손들이 잘 된다고 주장하는 것은, 아무런 근거 없는 자신만의 믿음을 남에게 강요하는 것이 됩니다.

**04** (가)는 동양의 전통적 세계관을 가졌던 옛날 사람들의 풍습을 담고 있습니다. 동지 절기는 음양오행 사상에서 비롯된 풍습입니다. 귀신은 음의 기운이고, 음의 기운이 가장 무성한 때가 겨울(동지)입니다. 그래서 음기를 양기로 눌러야 하기 때문에 더운 여름(하지)을 상징하는 붉은 색 팥으로 죽을 쑤어 먹는 것입니다.

(나)는 과학적 입장과 관련돼 있습니다. 세상 만물은 물질로 이루어져 있으므로 그 물질의 성질을 이용하여 귀신을 잡을 수 있다는 것입니다. 어찌 보면 황당한 말 같지만, 귀신을 잡는다는 건 귀신에 대한 두려움을 없애 편리하게 살려고 하는 것입니다. 현대인들은 이처럼 과학적이고 실용적인 측면을 가장 중요시하기 때문에 전통적 인간과는 삶의 모습이 많이 다릅니다.

**05** (나)에 나타난 문제를 해결하기는 쉽지 않습니다. (가)의 방법은 개인의 문제 해결의 차원에 그칠 뿐, 사회적 문제를 해결하기엔 너무 이상적입니다. 그렇다면 어떻게 해야 할까요?

(가)의 방식대로 문제를 해결하려면 (나)를 부정해서는 안 됩니다. 인간이란 어쩔 수 없이 욕심을 갖기 마련이고 철학이나 신념이 다를 수 있습니다. 종교나 철학이 다르더라도 그것을 인정하고 포용해야 합니다. 각자 자신의 문제를 해결하는 방식이 다르기 때문입니다. 그래서 문화의 다양성이 중요하며 그 다양성 속에서 인간은 자신의 의사를 마음껏 표현할 수 있습니다. 어느 한쪽 이론의 입장에 서서 다른 쪽을 틀렸다고 부정할 것이 아니라, 서로 인정하고 배려하며 끌어안는 자세를 가져야 할 것입니다.